# 世界遺産
# ミャンマー・バガン遺跡
# 華麗なる壁画の世界

世界遺産　ミャンマー・バガン遺跡　華麗なる壁画の世界　・目次・

## 4 conservation 壁画の保存と修復

ミャンマー連邦共和国　主要都市所在地

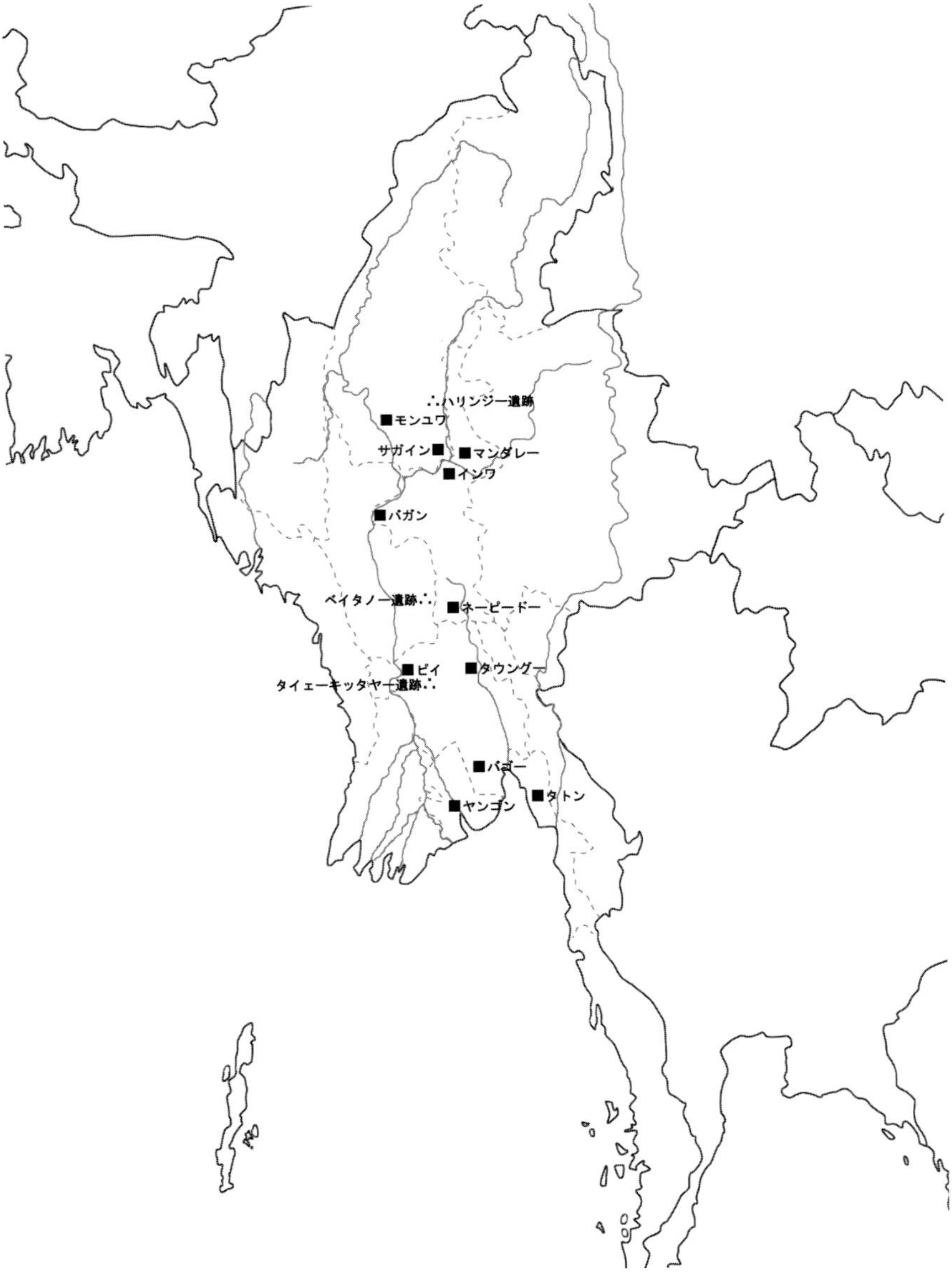

# Dhamma-yan-gyi（№ 0771）寺院全景

パガン王朝第 5 代国王ナラトゥーが建立したバガンで最大のダマヤンジー寺院。建設途中で王が亡くなったため、未完成のまま工事が中止された。

カンボジアの『アンコールワット』、インドネシアの『ボルブドール遺跡』にならび、世界三大仏教遺跡のひとつに数えられるミャンマーの『バガン遺跡』。この遺跡は、ビルマ族最初の王朝であるパガン王朝の首都が置かれていた場所だ。当時、国内の統制を高めるために上座部仏教が国教として定められると、王朝繁栄期の11世紀から13世紀には一万をも超えるといわれる寺院や仏塔、修道院が建設され、寺院の内壁には美しい仏教壁画が描かれた。遺跡には現在も三千基を越える仏塔寺院が残されており、その情景をひと目みようと多くの人々が訪れる観光地となっている。また、２０１９年7月にはユネスコの世界文化遺産への登録が決定し、世界から注目を集めている。

東京文化財研究所では、２０１６年より「バガン遺跡における壁画の保存修復方法の確立と維持管理体制の整備を目的とした国際協力事業」を展開してきた。（２０２０年現在：継続中）本書では、これまでの活動を通じて得られたバガン遺跡の壁画に纏わる様々な情報をお伝えするとともに、文化遺産の保存修復活動について解説していく。

Abe-ya-dana-hpaya（No. 1202）寺院　守護神と礼拝者（バガン、11 世紀後期）

Thein-mazi（No. 1471）寺院　神々の群像（バガン、12 世紀後期）

Nanda-ma-nya-hpaya（No. 0577）寺院　本尊と内陣の壁画（バガン、13 世紀中葉）

Hpaya-thon-zu（No. 0477-0478-0479）寺院　装飾文様（バガン、13 世紀後期）

Thambula-hpaya（No. 0482）寺院　守護神（バガン、13 世紀中葉）

Loka-hteik-pan（No. 1580）寺院　本生図（バガン、12 世紀前期）

Monywe No. 1 寺院　仏伝図と本生図（タマン村、18 世紀）

Pho-win-taung No. 0478 窟院　仏陀坐像と壁画（ポーウィン山石窟寺院群、17〜18 世紀）

Pitakat-hpaya（No. 1969）寺院　仏足跡（バガン、18 世紀初頭）

Ananda-ok-kyaung（No. 2162）寺院　本生図（バガン、18 世紀後期）

Mahamuni 寺院　仏塔のある風景（マンダレー、19 世紀末）

バガン考古遺跡における文化財保存活動のために、色々な国から集まった専門家たち（Me-taw-ya 寺院前にて）

STOP

# 壁画の調査

Abe-ya-dana-hpaya（No. 1202）寺院にて（バガン）

建造物と一体化している壁画は現地に足を運ぶことでしか出会うことができない。実際に壁画を訪ね、時間をかけて向き合うことが最も重要である

Shwe-bon-tha（No. 0003）寺院にて（バガン）

壁画の調査とはその背景にある歴史と文化を理解することでもある

# 壁画とは何か。

# I 世界の壁画

「壁画」という言葉を聞いて、人は何を思い浮かべるだろう。国内であれば極彩色に彩られた飛鳥美人で有名な高松塚古墳壁画、海外であれば天才ミケランジェロが4年の歳月をかけて描き上げたシスティーナ礼拝堂の天井壁画だろうか❶。このように、「壁画」と一口に言っても国や地域によって様々な様式があり、その制作された意図や目的は大きく異なる。ミャンマーのバガン遺跡に残された仏教壁画群も特有の特徴をもつ。その点に触れる前に、まずは壁画の簡単な歴史についてみていきたいと思う。

＊

壁画という文化を時代に沿ってみていくと、最も古いものは旧石器時代にまで遡る。2018年には、インドネシアのカリマンタン島東部の洞窟に残る動物などを描いた壁画が4万年前、スペインのラパシエガ洞窟やアルタレス洞窟で発見された壁画が6万4000年前のものであるとの発表があった。これら洞窟壁画は、自然の鉱物から作られた顔料を用いて洞窟の岩肌に直接手や木の棒を使って描かれており、これまでに手形や動物画などが多く確認されている。その目的は明らかになっていないが、一説ではまじないや祭事を目的に描かれたのではないかといわれている。

＊

続いて人知が進んだ紀元前3000年頃にはじまったとされる古代エジプト文明では、ファラオ（古代エジプトの君主の称号）など時の権力者のために作られた墓の内壁装飾に壁画が描かれた。その理由として、来世を信じる強い宗教観から、壁画に描くことでその内容が永久に現実化し続けると考えられていたのではないかといわれている。この古代エジプト文明において壁画を制作するために初めて「プラスター」が用いられる。壁画におけるプラスターとは絵を

1 システィーナ礼拝堂 『天地創造』（部分）1508 〜 12 年頃
（ミケランジェロ・ブオナローティ）

描くための下地層をいい、土や粘土にスサや藁を混ぜて練り合わせた土壁プラスターや石膏を用いた石膏プラスターなどがある。壁画を制作するうえでは平滑な下地に描くほうが容易であることは想像に難くない。古代エジプト時代の墓では、岩盤を掘削して築かれているものが多く、そこで考え出されたのがこのプラスターであり、この技術は世界中の広い地域で使われるようになっていった。

＊

紀元前２０００年から紀元前１４００年頃には、エーゲ海のクレタ島を中心にミノア文明（クレタ文明）が栄えた。この時代に制作されたとされる壁画がクレタ島より発見され、その技術と完成度の高さには多くの専門家が驚かされた。構造としてはエジプトの壁画に似ていたが、プラスターに多量の石灰が混入され、フレスコ画という壁画技法で描かれていたのである。フレスコ画技法については次の節で解説するが、エジプトでは土壁プラスターにセッコ画法と呼ばれる技法で壁画が描かれていたのに対し、技法の異なる石灰プラスターとフレスコ画技法が用いられたことは実に画期的なことであった。ミノア文明が人類史上きわめて高度な文明を築いたとされるギリシャ文明のルーツと位置付けられることにも納得がいく。

そんなギリシャの影響を強く受けながら発展したのがローマ美術だ。特に建築の分野は革新的な発展を遂げ、一般的な家屋の壁に描かれる壁画も多く制作されるようになった。紀元前29年から23年ごろにマルクス・ウィトルウィウス・ポリオが書いた現存する最古の建築理論書といわれる『アーキテクチャ』"De architecture"の中では、プラスターの調合方法や明度高く彩色を仕上げる方法についても解説されている。ローマ帝国により313年のミラノ勅令でキリスト教の信仰が許され、392年に国教として公認されると、各地では教会の建設ラッシュがはじまった。すると、その内壁には多くの宗教壁画が制作されるようになり、壁画は人々の暮らしにとってより身近なものになっていった。

ギリシャからの影響は、ヨーロッパだけでなく中央アジア方面にも波及していく。古代ギリシャのアルゲアス朝マケドニア王国の国王アレクサンドロス3世（紀元前336年から323年）は、当時強い勢力を誇っていたペルシア帝国に戦いを挑み、これに勝利するとさらに東に向けて遠征を続けインドにまで到達する。有名な東方遠征だ。この大遠征の最中、多くの移民がギリシャから中東に移り住んだことで、同時に高度に発達した文化も持ち込まれることとなる。このギリシャと古代オリエントの文化が融合して生まれたのがヘレニズム文化だ。その影響は、現在のアフガニスタンからパキスタンにかけて存在したガンダーラ（紀元前6世紀から11世紀）にも及び、この地で1世紀から5世紀に信奉された仏教にも多大なる影響を与えた。私たちがよく知る仏像も、ギリシャにおける彫刻文化の流れを汲むヘレニズム文化の影響を受けて作られるようになったもので、これと同様に宗教壁画という概念も伝えられたと考えられている。その後、仏教の伝播とともにヘレニズム文化の影響を受けた仏教美術は、アジア地域における様々な地域へと広がっていった。この本の主題であるミャンマー・バガン遺跡の壁画も、こうした流れの中で伝えられたものといえるだろう。

ヨーロッパに話を戻すと、ローマ時代に大きく波及した壁画は、その後、絵画技法としてより洗練されていく。14世紀にイタリアではじまったとされるルネサンス。ギリシャやローマの古代文化を復興させつつ新しい文化を生み出そうとする文化的運動だが、美術界では時を同じくして芸術家のパトロンが登場したこともあり急速な発展を遂げる。壁画分野においては、イタリア・ルネサンスの基盤を築いたといわれ

・・・

るジョットによって、ブオン・フレスコ画法と呼ばれる壁画技法が完成されると、その後に登場するミケランジェロやレオナルド・ダ・ヴィンチ、ラファエロらの手によって後世語り継がれる傑作が生み出されることとなる。

壁画が最盛期を迎えたルネサンス期以降は、18世紀から19世紀にかけて起こった新古典主義という芸術思潮により一時的に息を吹き返すものの、徐々に衰退の一途を辿る。その理由としては、高コスト、重労働、壁画に代わる油彩画の登場など様々な要因が考えられる。

このように、壁画に纏わる歴史を紐解いていくと、一連の繋がりがあることや技法としての発展を遂げていることが分かる。

# Ⅱ　壁画の技法

壁画の技法は、時代や地域により様々な種類がある。一般的には、壁に描かれているものをすべて「フレスコ画」と呼ぶ傾向があるが、これは大きな間違いである。フレスコ画とは、特定の技法によって描かれた壁画の呼称であり、逆にこの技法が使われていないものはフレスコ画と呼ぶことはできない。壁画技法を大きく分けると2種類の技法に分類することができる。ひとつは先に触れたフレスコ画技法。そして、もうひとつはセッコ画法と呼ばれる技法だ。これら2種類の技法にはどのような違いがあるのか簡単にみてみよう。

## フレスコ画技法

フレスコ画技法は、石灰プラスター（漆喰）が塗布された直後の多分に水分を含んだ状態から乾燥するまでの時間を利用して描画していく。「フレスコ」"Fresco"（イタリア語で"新鮮な"、"乾いていない"、"フレッシュな"の意）な状態のうちに絵を描く技法であったことからこう呼ばれるようになった。通常フレスコ画に使われる石灰プラスターは、砂と消石灰を練り合わせたものである。消石灰とはカルシウムの水酸化物、つまり水酸化カルシウムの事をいうが、空気中の二酸化炭素と化合することで炭酸カルシウムが生成される。この現象を「炭酸化」または「結晶化」と呼ぶが、これが壁に塗布した漆喰の表面で起きると、炭酸カルシウムの結晶層（カルサイト）が形成される。フレスコ画は、粉末状の顔料を水に溶いて描いていくが、この結晶層の内部に顔料が閉じ込められることで壁面に定着する。形成された顔料を含む結晶層の強度は驚くことに大理石に匹敵するともいわれ、高い耐久性を誇る。

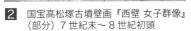

## セッコ画法

セッコ画法は、顔料にバインダー（接着剤）を混ぜて描画する技法をいう。「セッコ」"Secco"とはイタリア語で乾燥を意味するが、フレスコ画技法のように化学反応で結晶層を形成する必要がなく、乾燥した漆喰であっても、土壁の上でも絵を描くことができることからこう呼ばれるようになった。バガン遺跡にみられる仏教壁画や国宝高松塚古墳壁画**2**などはこのセッコ画法で描かれている。

**2**　国宝高松塚古墳壁画『西壁 女子群像』（部分）７世紀末～８世紀初頭

## バガン遺跡の壁画

バガン遺跡に残る仏塔寺院は、これまで行われてきた調査によりおおよその建造時期が特定されている。その流れに沿って壁画も制作されたと考えた場合、初期の段階では壁画の下地層には泥プラスターが使われている。その後、泥プラスターを一層目に、石灰プラスターを二層目に配した二層構造や、石灰プラスターで泥プラスターを挟んだ三層構造のものなどが登場し、技術の改良や発展があったことを裏付ける。その正確な導入時期や採用期間については、仏塔寺院の建造時期に対してばらつきがあることから特定することは難しいが、占める割合を基準に分類してみると次ページの表のような結果になる**3**。

また、寺院によっては複数のプラスター構造を並行して使用しているケースもみられる。約70箇所の寺院を対象に調査を行った結果、ひとつの傾向がみられた。それは、前室に入るためのエントランスの側壁には石灰プラスターの二層構造が多くみられ、前室や祠堂の壁には泥プラスターが使われている点である。仮に同時期に施工されたと仮定した場合、エントランスは外気の影響を受けやすく、頻繁に信者が出入りすることに配慮して耐久性に富んだ石灰プラスターを採用し、それ以外の場所には泥プラスターを用いるといった使い分けがなされていたことが考えられる。であるならば、当時壁画の制作に関わっていた人々は、使用材料の特性を十分に理解していたといえるだろう。泥プラスターには強度や接着力を向上させることを目的にヤシ科の植物から採取された糖汁が調合されており、顔料にはニームという樹木から採取された樹脂がバインダーとして使われていたとされる。これらの情報は、バガン王朝期に作成されたと言い伝えられる調合レシピに記載されている。

以上のように、バガン遺跡にみられる壁画は、非常にシンプルな構造をもち、基本的には周辺で容易に入手することが可能な材料を中心に構成されている。しかし、いくらシンプルとはいえ、突発的にこうした壁画文化が花開くとは考え難く、何らかのきっかけが必要である。次の章ではその秘密に迫るべく、バガン遺跡における寺院壁画の歴史的背景について詳しく見ていきたいと思う。

3 各時代におけるプラスター

| プラスターの構造 | 主な導入時期 |
|---|---|
| 泥プラスター<br>（一層もしくは二層塗り） | 11 世紀半ば |
| 泥プラスター＋石灰プラスター | 11 世紀後半～ 12 世紀 |
| 石灰プラスター＋泥プラスター＋石灰プラスター | 12 世紀～ 13 世紀 |
| 石灰プラスター＋石灰プラスター | 12 世紀～ 13 世紀<br>（パガン王朝期以降にもつづく） |

# バガン遺跡

## ―寺院壁画の歴史的背景―

## はじめに

ミャンマー連邦共和国は東南アジア地域の最も西に位置する国である。西にインド、北に中国、東にタイとそれぞれ国境を接しており、政治的・文化的影響を大きく受けながら歴史が形成されてきた。東南アジアの多くの国々と同様、ミャンマーは大小合わせて百を超える民族から成る多民族国家である。そのうち、ビルマ族は人口の約7割を占めると言われている。

国民のおよそ9割が上座部仏教を信仰しているとされるミャンマーでは、全国各地に数多くの仏塔や寺院が造られ、毎日の参拝は当たり前の光景として人々の生活に溶け込んでいる。ミャンマーのイメージに強いインパクトを与えているのは、何といっても仏教美術であろう。黄金色の仏塔や寺院などの建造物、無数の仏像や巨大な寝釈迦像など観光名所には事欠かない。忘れてはならないのは、寺院の堂内に描かれた壁画の存在である。パガン王朝時代（11世紀～13世紀）からコンバウン王朝時代（18世紀中葉～19世紀末）までの長きに渡り、祈りの空間を彩ってきたミャンマー仏教美術の至宝である。

パガン王朝はビルマ族による最初の統一王国であった。王都であるパガン（現在のバガン）はミャンマーの国土のほぼ中央、やや西寄りに位置しており、国を北から南へ流れる大河エーヤーワディー沿いにあった。パガン時代には仏教が国教化され、最大では数千基にも達する仏塔寺院が建造された。しばしば「建寺王朝」と呼ばれる所以である。現存する二千基余りの建造物のうち、壁画が確認できる寺院は４１６箇所を数えるという（２０１８年現在、ミャンマー宗教文化省・考古国立博物館局バガン支局の統計による）。

釈迦（紀元前５６３年頃～紀元前４８３年頃）に始まる仏教は、紀元1世紀頃に大衆部系と上座部系とに分裂した。一般的な解釈では、大衆部系の宗派は陸上および海上ルートで東アジアと東南アジアの島嶼部へ伝播し、上座部系はベンガル湾に沿った航路またはスリランカを経由する海上ルートを経て、ミャンマーを含む東南アジアの大陸部へ到達したとされている。しかし、ミャンマー各地の遺跡からは大乗仏教やヒンドゥー教の伝播を示す遺物が出土していることから、複数の宗教・宗派ともに信仰の対象であったことが分かっている。

今日、ミャンマーではビルマ族が人口の約7割を占めると先に述べたが、彼らの祖先とされる民族がミャンマーの土地に姿を現すのは、歴史資料に確認できる限りでは、9世紀以降のこととされているのである。それでは、ビルマ族はどこからやってきたのか。古代インドに起源を持つ仏教は、いかにしてビルマ族の王国パガンへ伝えられたのだろうか。

# Ⅰ　ミャンマーへの仏教伝来

## 1　モン族
### ミャンマー南部の先住民族

古くからミャンマーの土地において存在が確認されていたのがモン族である。伝承によれば、モン族の商人兄弟が釈迦から頭髪を授かったとされており、紀元前にはすでにミャンマー南部を拠点としていたということになる。最盛期には、西はエーヤーワディー河口のデルタ地帯から、東はタイのメコン川流域まで活動範囲を広げたと考えられている。ミャンマー南部に複数の都市国家を築き、国家同士の連合体によって支配域が形成されていたという。タトンやバゴー（ペグー）を代表とする港湾都市は帆船を利用した交易により大きく繁栄した。

これらの都市はインドやスリランカと中国を結ぶ「海のシルクロード」のルート上にあり、モン族の都市に物質的な豊かさだけではなく仏教文化をもたらした。特に交易の重要な拠点であったタトンへは仏教の伝道活動も頻繁に行われ、上座部仏教の中心地となっていく。こうしてモン族は、東南アジア大陸部において、最も早い時期に上座部仏教を受容することになったのである。とはいえ、モン族にもたらされたのは、純粋な上座部仏教というよりは、ヒンドゥー教的な要素が色濃く混じり合ったものであったようである。

## 2 ピュー族
### エーヤーワディー川中流域の先住民族

ピュー族は1世紀～2世紀頃にはすでにミャンマーの土地に定住していたようである。エーヤーワディー川中流域を拠点とし、各地に城郭を持つ城市国家を築いた。当初、これらの国家は連合体を形成していたが、次第に勢力を増大させたタイェーキッタヤー（シュリクセトラ）が中心的立場となり、多くの属国を従えるようになる。その後、ピュー族は徐々に南下して活動範囲を広げ、南部の先住民族であったモン族の都市を支配するまでになった。

ピュー族に上座部仏教が伝えられたのは、こうしたモン族との接触によるものと考えられている。一方で、タイェーキッタヤー遺跡からはヒンドゥー教に由来する神像や大乗仏教の菩薩像が出土している。複数の宗教が混在して信仰されていたことを示すとともに、モン族経由以外の仏教受容ルートがあった可能性も否定できない。

832年、タイェーキッタヤーは南詔国（現在の中国の雲南省にあたる）の攻撃を受け、約三千人のピュー族が捕虜として連れ去られたと伝えられている。これを契機としてピュー族は歴史から姿を消していくことになる。

## 3 ビルマ族
### チベット高原からの移動と定住

ピュー族の時代が終焉を迎えつつあった頃、ミャンマーの土地にやってきたのがビルマ族の祖先となる民族であった。本来、彼らはヒマラヤ山脈の北に広がるチベット高原に暮らしていたと考えられている。南詔国がピュー族を攻撃した際、その軍隊に加わっていた可能性が指摘されており、その後、南詔国の支配を免れるためミャンマーへ南下したという説が一般的である。いずれにせよ、ピュー族の消滅によって空白地帯となったエーヤーワディー川流域に定住し、現在のビルマ族の祖先となっていくのである。

　ビルマ族は徐々に勢力を拡張し、エーヤーワディー川流域の都市パガンに王朝を開いた。パガン王朝はモン族の拠点であったミャンマー南部を平定し、ビルマ族による最初の統一王国を築くことになる。王都パガンは元々ピュー族の村落であり、その名前は「ピューの集落」を意味する「ピュー・ガーマ（Pyu gāma）」もしくは「プガーマ（Pugāma）」に由来するという。

　ビルマ族はピュー族の文化を継承しつつ、モン族との接触によって、定住生活に必要となる農耕技術と仏教文化を受容した。これらの先住民族が信仰していた宗教を考慮すれば、上座部仏教、大乗仏教、ヒンドゥー教が混在した状態であったことは否めないものの、ビルマ族が初めて仏教と出会った瞬間であったと言える。

# Ⅱ　ミャンマー仏教美術と歴史的背景

## 1　ピューからパガンへ

　ピュー族の文化がパガン王朝へ継承されたことはほぼ定説と言えるが、それを最もよく示しているのが建造物の事例であろう。ピュー族の城市国家タイエーキッタヤーとビルマ族のパガン王朝はいずれも煉瓦を用いて城壁を築いた。大部分が復元であるという事実を考慮する必要はあるが、タイェーキッタヤー考古遺跡とバガン考古遺跡の城門には共通した工法が用いられている。煉瓦を階段状に積み上げる建築様式は非常によく似ている❶❷。

　仏塔や寺院などの仏教建築にも類似点が多く見られる。煉瓦を建築材とし、外壁を漆喰で覆う建築技法はピュー時代にすでに導入されていた。タイェーキッタヤー遺跡のシンボルでもあるBaw-baw-gyi仏塔は円筒形をしており、パガン時代初期のLoca-nanda（№１０２３）仏塔にその形状が受け継がれている❸❹。

　タイェーキッタヤーのBei-bei寺院はごく小

1 Nat-pauk 門（タイェーキッタヤー）

2 Tharabar 門（バガン）

3 Baw-baw-gyi 仏塔
（タイェーキッタヤー）

4 Loca-nanda（№ 1023）仏塔
（バガン）

型で簡素な建造物だが、塔を載せた屋根や入口のアーチ装飾はバガン時代の寺院を想起させる5。バガン時代の寺院と同様、入口を東向きとする点も共通している。堂内には仏陀坐像と左右の脇侍を彫り出した石造のレリーフが安置されている6。天井はドーム型をしており、天井の中心に向かって四方からゆるやかな弧を描くように煉瓦が組

6　Bei-bei 寺院　仏陀坐像と左右の脇侍

5　Bei-bei 寺院（タイェーキッタヤー）

み上げられている。こうした建築様式もパガン時代初期に多く見られる特徴である。

タイェーキッタヤーをはじめとするピュー族の遺跡から壁画は発見されていないものの、かつては寺院堂内に存在した可能性を完全に否定することはできないようである。しかし、パガン時代最初期の寺院において壁画がほとんど見られないことを考慮すれば、少なくともピュー族の時代には壁画がそれほど積極的には制作されていなかったと言えるだろう。

## 2　パガン時代（11世紀～13世紀）

### 建国と上座部仏教の導入

パガン王朝を興した初代国王アノーヤター（Anawratha、在位1044－1077年）は、民衆に広く普及していた大乗仏教に代えて、上座部仏教を導入したいと考えていた。当時、上座部仏教を信仰する先進国だったのはモン族の都市国家であり、特にタトンはパーリ語（上座部仏教の経典で主に使用される古代インド言語）の経典を保有する宗教の中心地であった。アノーヤター王はタトンを攻撃し(１０５７年)、このパーリ語経典を奪うとともに、モン族の比丘《びく》をパガンに連行した。国王が目指したのは正統な上座部仏教を根付かせることであったが、実際にはモン族からもたらされた上座部仏教が多分にヒンドゥー教の影響を受けたものであることは否めなかったようである。

このとき、モン族から伝えられた建築、彫刻、絵画の技術はパガンに多数の仏教建築を生むことになる。仏塔や寺院の建造にあたっては、インドやスリランカの影響を色濃く残すモン様式が採用された。同様に、堂内の仏像や壁画に描かれた仏陀像もインド的なスタイルで表現されることになった。

## 上座部仏教とナッ信仰の融合

古来、ミャンマーには土着信仰であるナッ(Nat)信仰が存在していた。ミャンマーの人々は、あらゆる神々、精霊、守護霊、死霊、歴史上の人物の霊魂などすべてを「ナッ」と呼び、今日でも仏教と並び篤く信仰している。日本人が仏教とともに八百万《やおよろず》の神々を信仰するのにやや似ていると言えるかもしれない。上座部仏教では悟りの境地に到達することを目指し、世俗的な願いに応えることを禁じられている。このため、人々は現世の幸福や安全などをナッに祈願するのだという。

当初、アノーヤター王はナッ信仰そのものを禁止しようとしたが上手くいかず、上座部仏教と融合させることでナッを仏教の守護神とすることとした。同王が建造に着手したShwe-zigon(№０００１)仏塔の境内には、現在でも合祀されたナッ神像を見ることができる。古代インド以来の土着の神々やバラモン教、ヒンドゥー教の神々が、かつてインドで仏教に吸収されて守護神とされたように、ミャンマー仏教においては、ナッが守護神に加わったのである。特にインドラ神(帝釈天)はすべての守護神を率いる筆頭とされ、ミャンマーの人々に深く信仰されていたという。なお、これらの守護神は、19世紀のコンバウン時代に至り、インド由来の神々、パーリ語経典に登場する夜叉（鬼神）、歴史上の人物という三系列に整理され序列化されている。

### ビルマ様式の開花

パガン王朝第七代国王ナラパティスィードゥー（Narapatisithu、在位1174－1211年）の治世になると、ビルマ族の文化が最盛期を迎える。国王はスリランカに比丘を留学させ、経典の注釈書や研究書を編纂させるなど、それまで正しい理解が不十分なままであった上座部仏教の浄化運動に取り組んだ。同時期にはビルマ語が完成し、それまでのモン語やパーリ語に代わって碑文や壁画に使用されるようになった。

仏教建築や美術においては、インドやスリランカの特徴を多分に継承するモン様式から脱却し、独自のビルマ様式が確立した。仏像においては、丸い顔とふっくらとした体躯が好まれるようになり、一般に「ビルマ風」と呼ばれている。バガンの仏教寺院に残る壁画の大半が制作されたのもナラパティスィードゥー王治世下の12世紀末以降のことで、その技術と表現力は他に類を見ないほど高度な水準に達していたと評されている。

## 3　シャン族王朝と戦争の時代（14世紀～16世紀）

### 絶え間ない異民族戦争

パガン時代の末期には強力な指導者が輩出せず、財政の窮乏、ミャンマー南部のモン族や西部のラカイン族（アラカン山脈以西の地域を支配していた民族）による反乱などの要因が重なり、王国は徐々に衰退への途をたどっていた。ついに13世紀末には、元朝中国による再三の攻撃を受けて滅亡する。

代わって実権を掌握したのはパガン王朝に仕えていたシャン族（タイに近いミャンマー北東部を拠点としていた民族）出身の重臣たちであった。彼らはパガンよりエーヤーワディー川を遡上し、ピンヤ王朝（1309－1360年）、サガイン王朝（1315－1364年）、インワ王朝（1364－1526年）を開いた。シャン族の国王たちは、自らをパガン王朝の後継者と見なし、仏教を基盤とした国家を目指していたと考えられる。しかし、南はバゴーを王都とするモン族のハンターワディ王国、西はラカイン族のミャウー王国、さらに北は非仏教徒であるモー・シャン族(北方シャン系の一部族)の脅威にさらされ、戦争を余儀なくされる時代が続いた。パガン王朝の滅亡後、シャン族による支配を嫌って南部のタウングーに逃れたビルマ族は、2世紀余りの時を経て新王国を建国する。これがのちにインワ王朝を滅ぼすことになるタウングー王朝(1531－1599年)である。とはいえ、タウングー王国も南のモン族、西のラカイン族のみならず、タイ族のアユタヤ王国やチェンマイ王国とも頻繁に戦火を交えなければならなかった。

## 仏教の聖地としてのパガン

シャン族の各王朝も、ビルマ族のタウングー王朝も、パガン王朝時代を栄光の時代と見なし、仏教を深く信仰していたことは間違いないようである。シャン族の支配者たちは王都であるピンヤ、サガイン、インワはもちろん、シャン系の諸民族にも仏教を伝播しようと努めた。一方、タウングー王朝の国王たちも、パガンの寺院を公式参拝し、Shwe-zigon 仏塔に巨大な鐘を寄進してもいる。

新たに建立された寺院や僧院はあるが、この時代の壁画はほとんど確認されていない。14世紀から16世紀にかけては、壁画の「空白時代」となってしまうのである。壁画の制作事例が確認できない理由は断定できないものの、戦争が頻発する情勢下では軍事力の強化が優先され、宗教や文化に対する財政的・精神的余裕がなかったことは容易に想像がつく。王朝の交代に伴い遷都が繰り返されたことも財政の圧迫に拍車をかけたはずである。壁画が再び姿を現すのは、実にニャウンヤン王朝が隆盛する17世紀のことである。

## 4　ニャウンヤン時代・コンバウン時代（17世紀～19世紀）

### ビルマ族による統一王国と仏教文化の復興

長期に渡る戦乱の時代を経て、17世紀に現れたのがビルマ族のニャウンヤン王朝（1599－1752年）である。建国後しばらくは国内外の政情ともに不安定な時期が続いたが、第三代国王タールン（Thalun、在位1629－1648年）の治世に強力な国家機構が確立する。国王は仏教の熱心な擁護者であり、自らが敬虔な信徒でもあった。釈迦の歯と托鉢用の鉢と伝わる聖遺物を納めるための寺院を建立したばかりか、すべての比丘に戒律の遵守を徹底させ、経典の学習を奨励した。同王の死後、後継者たちの時代も長く平和を保つことができたため、文化面が大きな発展を見せた。国家の安定と文化の振興という好条件が整ったことで、壁画の制作はこのニャウンヤン時代、特に17世紀後半以降に本格的な復興期を迎えることになる。

### 王朝の交代と仏教文化の継承

モン族の反乱によってニャウンヤン王朝が終焉を迎えたのち、ビルマ族最後の王朝であるコンバウン王朝（1752－1885年）が台頭する。第五代国王ボードーパヤ（Bodawpaya、在位1782－1819年）はニャウンヤン王朝のタールン王を模範とし、強力な中央集権国家の構築を目指した。国王の権力は仏教界にも及び、以前より懸案事項となっていた異なる宗派同士の対立を沈静化させた。また、古都パガンやインワに残されていた無数の石碑を収集・保存し、仏教に関する記述の研究を行った。同王は多くの寺院を建立したことでも知られており、堂内の装飾のために壁画の需要が増大したことは想像に難くない。

### ビルマ族王朝の終焉

アジアの植民地化を狙うイギリスの脅威は徐々にミャンマーに迫りつつあったが、ボードーパヤ王の治世以後、ついにイギリスと二度の戦争を経験する。第一次英緬戦争(1824－1826年)および第二次英緬戦争(1852年)によって、ミャンマー南部全域がイギリスの統治下に置かれることとなった。このような時世に即位した第九代国王ミンドン(Mindon、在位1853－1878年)は、残された国土を守るため、イギリスとの友好関係を保持しようと尽力した。同王もまた上座部仏教の保護に大きく貢献した。最大の功績は第五回仏典結集《けつじゅう》(1872年)と呼ばれる仏教国際会議の開催で、世界中の仏教界から代表が出席する大規模なものであった。

二度の戦争を経て、直接的にイギリスと接触することにより、ミャンマーに西洋の技術や文化が持ち込まれたのは確実と見てよいだろう。19世紀の壁画には西洋風のモチーフが登場し、遠近感や陰影のある写実的な描画表現へと変化する。こうした半ば西洋化された姿こそがミャンマー仏教壁画の最後の到達点であった。第三次英緬戦争(1885年)によりコンバウン王朝が消滅し、ミャンマー全土がイギリスの支配下に入ると、壁画の時代が復活することは二度となかったのである。

# Ⅲ　各時代の壁画

## 1　パガン時代Ⅰ(11世紀)

### 仏像と壁画の共存

パガン時代の初期、初代国王アノーヤター(Anawrahta、在位1044－1077年)から第二代国王ソールー(Sawlu、在位1077－1084年)の治世にかけては石造の仏像とレリーフの制作が主流であった。壁面には仏像を納めるための仏龕《ぶつがん》が設けられていることが多く、壁画はまだ確認できない。第三代国王チャンシッター(Kyansittha、在位1084－1112年)の時代になると、仏像を中心とした壁面構成を継承しながらも、ようやく壁画が出現する。このように立体芸術と平面芸術が共存する空間こそ11世紀の大きな特徴の一つである7。

## 石と煉瓦の立体芸術

煉瓦造の建造物が立ち並ぶバガンに石造の寺院が存在する。Nan-hpaya（№１２３９）寺院とKyauk-ku-umin（№０１５４）寺院である。建材と屋内外の装飾レリーフにすべて砂岩が使用されており、煉瓦を使用するよりもはるかに困難な仕事であったことは間違いない。仏像制作が主流であった時代、石材の扱いに長けた技術者がいてこそ可能となった事例であろう89。

一方、煉瓦を用いた特殊な事例にHpet-leik（東仏塔№１０３０、西仏塔№１０３１）仏塔がある。仏塔の外周に回廊を設け、本生《ほんじょう》図を描いた陶板

7 Phya-sa-shwe-gu (No. 1249) 寺院　仏像を納めた仏龕と壁画

8 Nan-hpaya (No. 1239) 寺院　砂岩のブラフマー神

9 Kyauk-ku-umin (No. 0154) 寺院　砂岩の装飾レリーフ

10 Hpet-leik (No. 1031) 仏塔　本生図の陶板レリーフ

（テラコッタ）のレリーフが縦横にはめ込まれている10。

## 仏伝図

11世紀の壁画に見られる図像の種類は限られているが、仏伝図は仏教壁画において最も重要な図像と見なされ、古くから描かれていたようである。釈迦の誕生から涅槃までを描いた各場面の表現はパガン時代を通じてあまり変化がないことから、11世紀には「型」のようなものがほぼ完成していたと考えることができるだろう。

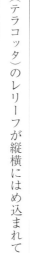

## 本生図と過去二十八仏

パガン時代初期には、本生図や横一列に並んだ過去二十八仏が見られる事例は必ずしも多くはない。本生図のように物語的性格の強い主題というよりは、無数の仏陀像を縦横に配するなど、どちらかといえば仏教世界を象徴的に表現したかのようなモチーフが主流だったと思われる。当時は仏像が主役であったことを踏まえれば、仏龕に納めた仏像の代わりとして、こうした絵画表現による仏陀像が生まれたのか

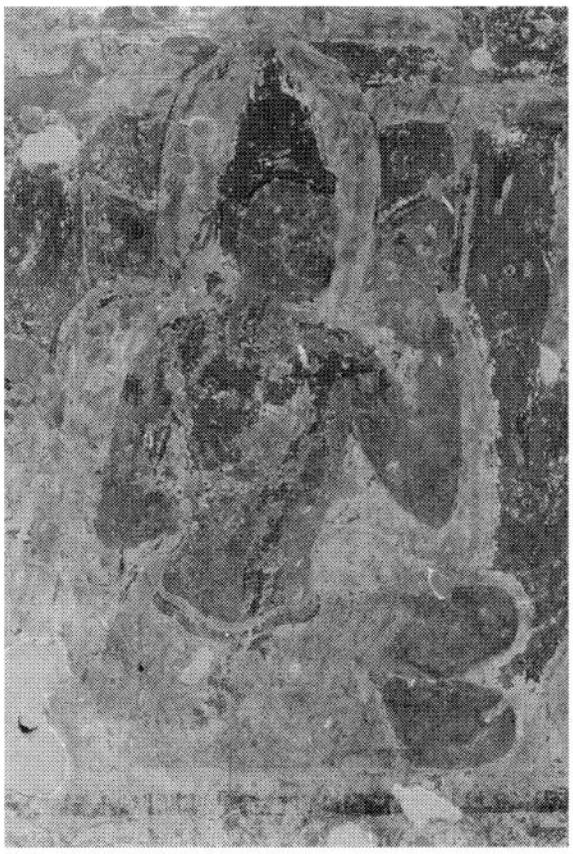

12　Patho-hta-mya (v1605) 寺院　仏伝図

11　Patho-hta-mya (№ 1605) 寺院　仏陀坐像を配した区画構成

もしれない11。また、仏陀像を配した格子状の区画構成は、恐らく本生図の表現にも次第に取り入れられたのであろう。11世紀末になると、一区画に一説話を表す「一図一景」式が完成し、パガン時代の壁画に欠かせないものとなっていく。なお、パガン時代の本生図は左から右へ、上から下へ順に説話が展開する。

## 人物像――インド美術の影響

仏伝図や本生図に登場する仏陀、神々、王族、市井の人々など人の形をとるものは、人体に近い自然なプロポーションを持ち、目は切れ長でややつり上がっている。このような表現はインド美術の影響を色濃く反映したものだという12。

## 雲中から姿を現す神々

仏伝図の中や装飾文様の一部として、雲中から姿を現す神々のモチーフが見られる。神々は蓮華や供物を捧げ、仏陀を礼拝しているのである。このモチーフはパガン時代の人々に大変好まれたようで、周囲に様々な文様を伴いつつ、

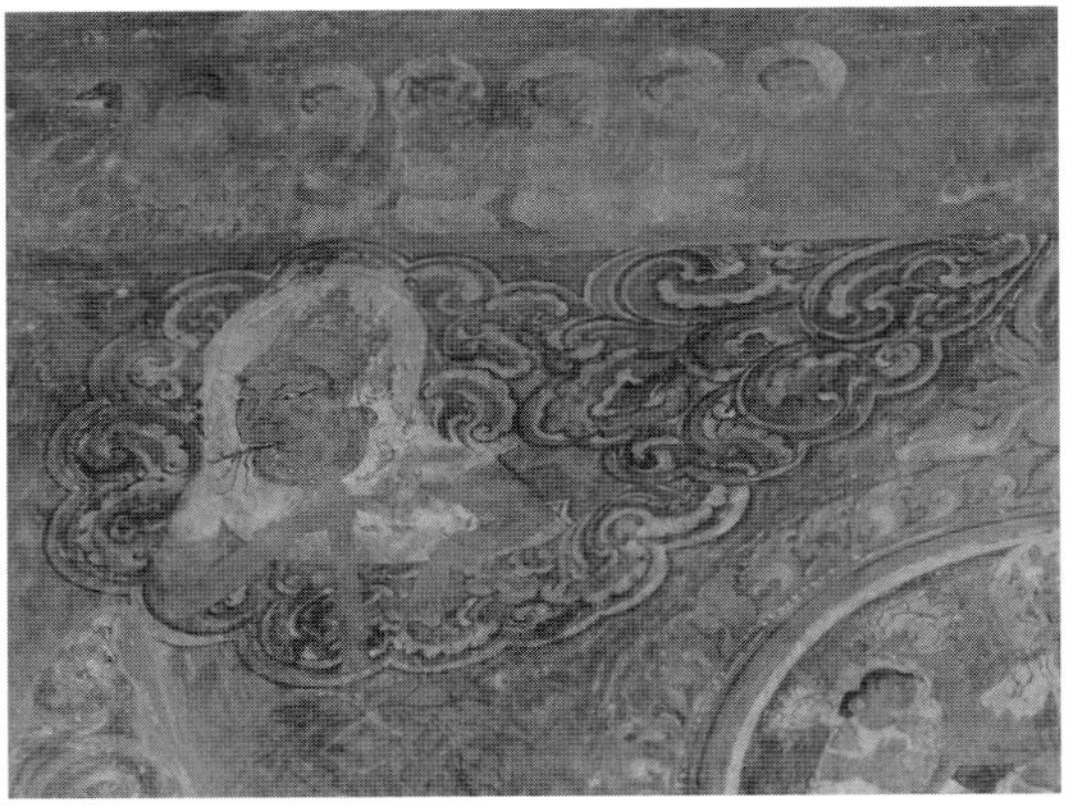

13 Abe-ya-da-na-hpaya (No. 1202) 寺院　雲中から姿を現す神

装飾的にも発展を遂げていく13。

## 装飾文様

装飾文様にはあまりバリエーションがなく、素朴な植物や円形をつないだシンプルな文様が一般的である。前室や内陣回廊の天井、窓や仏龕のアーチはほぼ例外なく円形文様で覆われている。考古国立博物館局バガン支局（以下、バガン考古支局）職員によれば、この円形文様は仏教の宇宙観を表す図像が元になっているという。中心に神々が住む須弥山《しゅみせん》、その東西南北に四大州《しだいしゅう》（四つの島）があり、それらの間は海水で満たされている。これらすべてを囲んでいるのが鉄囲山《てっちせん》である。宇宙をシンボル化した円形文様は非常に重視されていたはずで、もっぱら堂内の高い場所に用いられた理由は想像に難くない。基本的な円形からデザインが発展するまでには、あまり時間はかからなかったと思われる。四枚の花弁を持つ花に見立てたものから、多種多様な花々、同心円、七宝繋文様なども現

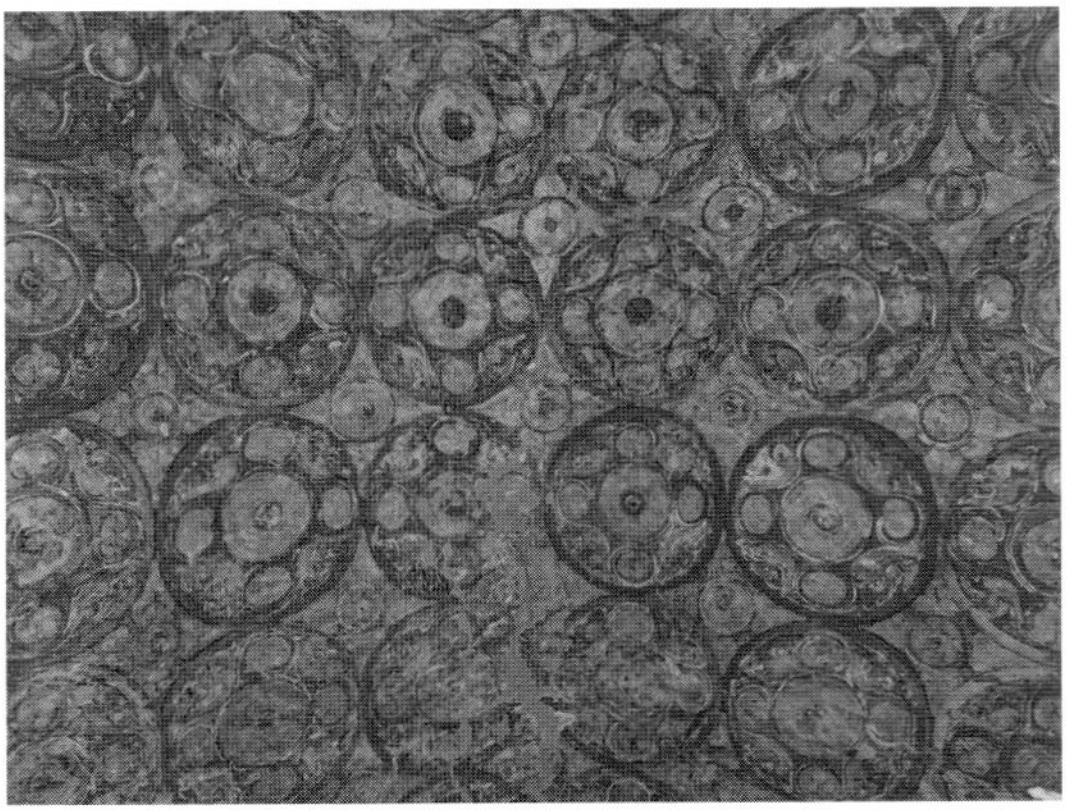

14 Patho-hta-mya (№ 1605) 寺院　円形文様

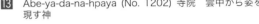

れ、簡素ながらも様々なアレンジを試みている様子が伝わってくる。12世紀から13世紀にかけて飛躍的に発展する文様の最初期の姿である14。

### 色　彩

パガン時代を通じて、壁画は白、黒、黄、赤の四色でほぼ全てが描かれていたと言ってよい。土地で産出する土、岩石、煤などが顔料として使用されていた。11世紀には黒と黄色が多用される傾向があるという。黄色は仏陀の光を表し、しばしば体躯や光背に使われた。衣には赤土色の顔料を使用していると考えられるが、変色によって黒ずんでいることが多い。赤土よりも発色が鮮やかな朱色は貴重だったためか、王族の衣装など限られた部分にしか見ることができない。

## 2　パガン時代Ⅱ（12世紀）

### 仏教建築の巨大化

12世紀はパガン王国が強大な勢力を誇っていた時代である。仏教施設の建造は重要な国家事業であり、大型の仏塔や寺院が相次いで建立された。また、11世紀に比べて、壁画の表現がはるかに豊かになった時代でもある。バガン考古

15 Dhamma-yan-gyi (No. 0771) 寺院

16 Dhamma-yan-gyi (No. 0771) 寺院　装飾文様

支局職員によれば、パガン時代の技術者たちは、寺院に壁画を採用する際、どこにどの図像や主題を配置するか、またその順番や組み合わせをどうするかなど、厳密にプランニングを行い、配置図を作成していたという。寺院の規模が大きくなり内部の構造が複雑化すると、天井から床面に至るまでの壁面積は広大なものとなる。こうした事前準備がなければ、実際の作業は不可能だったであろう。ただし、Dhamma-yan-gyi（No.0771）寺院のような巨大建造物においては、堂内を壁画ですべて荘厳するという発想自体がなかったようで、部分的に装飾文様を施すのみに留めている15 16。

## 仏像から壁画へ

11世紀と異なるのは、壁面に石造の仏像やレリーフがあまり見られなくなる点である。堂内の装飾は徐々に立体芸術から壁画へ移行していく。図像や主題の種類も増え、それぞれの組み合わせや堂内に描く配置など、定型が整いつつあった時期である。以後、パガン時代の終焉まで使用されることになるモチーフはほぼ出揃っていたと考えられる。

## 仏伝図と釈迦八相図《しゃかはっそうず》

釈迦八相図は仏伝図の一種である。釈迦の生涯において最も重要な八つの主題を取り上げたもので、「誕生」「降魔成道《ごうまじょうどう》」「初転法輪《しょてんぼうりん》」「舎衛城《しゃえいじょう》の神変《しんぺん》」「三道宝階降下《さんどうほうかいこうげ》」「酔象調伏《すいぞうちょうぶく》」「獼猴奉蜜《みこうほうみつ》」「涅槃《ねはん》」（八大事《はちだいじ》という）から構成される。一主題を一区画に描き、一主題のみ、または複数の主題を組み合わせて表現する。本尊の左右壁面近くまたは寺院の四方の入口に描かれることが多いが、寺院の規模や壁面積を考慮して配置が決められていたと考えられる。実際には、「降魔成道」は降魔印を結ぶ本尊（仏陀坐像）によって表現されている。一方、「涅槃」は現存する例が限られているが、当初は本尊の上方、つまり天井に近い位置に描かれていたと思われる。「降魔成道」を超越した状態を示す上で、天井に近い配置は理にかなっているとも言える。仏陀を横臥像として描く必要があるため、「涅槃」は他の主題との組み合わせが困難だったこともあるが、天井にごく近いそのような箇所は、地震による崩落や雨漏りの影響により損傷しやすく、壁画自体が失われているという物理的な理由がある。

## 本生図と過去二十八仏

本生図は11世紀以来の「一図一景」式が定着する。全547話をすべて描くため、前室や内陣回廊など広い面積が確保できる場所に描かれるようになる17。過去二十八仏は本生図の上方に置かれるか、内陣天井をぐるりと取り囲むように配されるなど、堂内の高い場所が定位置となる。

17　Tha-yan-bu (№ 1554) 寺院　本生図

18　Thein-mazi (№ 1471) 寺院　「双神変《そうじんぺん》」

## 人物像―インド風からビルマ様式へ

人物像の表現においては、インドやスリランカ美術の影響が徐々に薄れ、独自のビルマ様式へ向かう移行期と言える。12世紀初頭はまだ実際の人間らしい体躯で描かれることが多いが、13世紀に近づくにつれて、丸い顔とふっくらした体躯がより好まれるようになり、顔の表情も穏やかになる18。

## 象徴的な図像の発展

12世紀には蓮華文、仏足跡、須弥山などの象徴的なモチーフも多く登場する19 20。パガン時代の図像として独特なものに占星図がある。これ

19 Loka-hteik-pan (№ 1580) 寺院　蓮華文

20 Thein-mazi (№ 1471) 寺院　仏足跡

21 Tha-yan-bu (№ 1554) 寺院　占星図

は円形に直線や文字などを書き込んだミャンマー版のホロスコープであり、現在も占星術に使用されているものである。釈迦の「誕生」「降魔成道」「初転法輪」「涅槃」（四大事《しだいじ》という）を表す際に、四つの占星図が描かれる21。

## 千仏の登場

11世紀のように、仏陀像を配した格子状の区画構成はあまり見られなくなる。代わって12世紀後期には、ごくごく小さい仏陀像で画面を埋める千仏が登場する。千仏は仏に満ちた仏教世界を表す図像であり、この時期には内陣回廊の壁面上部や天井など高い位置に描かれている。しかし、その象徴性よりも装飾的な意味合いが強いことは、13世紀初頭に装飾性がさらに増大し、寺院の各所に多用されたことからも明らかである。

### 装飾文様

装飾文様はこの時代に大きく発展する。天井や窓のアーチに施される円形文様は11世紀より受け継がれている。12世紀初頭は、正方形や菱形など幾何学文様と組み合わせる程度に留まり、全体的に簡素なデザインのままであった。しかし、黄色、赤、白などのはっきりした地色を用いるのが特徴である。13世紀に近づくほど、多種多様な植物と組み合わされるようになり、複雑で多彩な文様が生み出されていく。蓮蕾状文様が現れるのもこの時期のことで、円形文様とともにパガン時代特有の装飾文様として定着することになる㉒。

㉒ Sula-mani-gu-hpaya ( №. 0748) 寺院
円形文様と蓮蕾状文様

## 3　パガン時代Ⅲ（13世紀）

### 小型仏教建築の増加と壁画の需要増大

13世紀に入ると巨大な仏教建築が造られることはなくなり、代わりに小型の寺院が数多く現れるようになった。上座部仏教が王国に浸透し、支配者階級ではない国民が自ら財を投じて建立した寺院も少なくなかったと考えられる。しかし、大規模な国家事業の減少は、かつてパガン王国が誇っていた強大な国力が失われつつあることを暗示するものでもあった。

寺院の堂内を装飾するための手段としては、もはや石造の仏像やレリーフではなく完全に壁画が主役となっていた。いわば寺院の建設ラッシュにあっては、壁画の需要が急増したことは間違いないであろう。とはいえ、壁画のモチーフは12世紀までに出来上がっていたものを踏襲しており、あまり目新しい主題が生まれることはなかったようである。寺院の小型化に伴い、限られた壁面積を有効活用するには、図像を取捨選択して再構成をし直す必要もあったのであろう。堂内のどこに何を描くか、どのような図像を組み合わせるか、配置上のルールも完成されていく。

## 仏伝図と釈迦八相図

仏伝図からの主題のうち、13世紀の壁画に目立つのが「魔衆の攻撃」と「魔衆の敗退」である。前後する二つの場面は、降魔印を結ぶ本尊（仏陀坐像）の傍らに見られるのが一般的である。釈迦が魔衆を退け成道に至る「降魔成道」の瞬間は、まさにこの本尊自体が表している。よって、本尊を挟み、向かって左側に「魔衆の攻撃」、右側に「魔衆の敗退」を描いている 23 。

23 Thambula-hpaya (№ 0482) 寺院「魔衆の敗退」

釈迦八相図は、小型寺院の堂内において仏伝図を表現するのに適したモチーフであった。前述の通り、「降魔成道」と「涅槃」を除く六つの主題はまず左右二つのグループに分けられ、次に左右に三つずつ縦に区画を配して構成される。「酔象調伏」「初転法輪」「獼猴奉蜜」の組み合わせ、そして「三道宝階降下」「舎衛城の神変」「誕生」の組み合わせである。これらは対を成す主題として本尊の左右や内陣入口の両脇に見られることが多い 24 。

## 本生図と過去二十八仏

本生図は「一図一景」式を保ちつつも、限られた壁面積に収まるように区画が非常に小さくなる傾向が強い。最も小さな例では五センチ四方ほどのものもある。しかし、寺院内における配置は前室、寺院の四方の入口、内陣回廊など12世紀に準じている。過去二十八仏も12世紀と同様に高い場所を定位置としており、内陣天井の周囲に配されるか、本生図を伴って前室に描かれるのが一般的である。

24　No. 0480 寺院　釈迦八相図

## 人物像―ビルマ様式の完成

人物像はインドやスリランカ美術の影響が薄れ、ビルマ様式が完成する。仏陀の顔は丸くなり表情は柔和である。螺髪《らほつ》（仏陀に特有の細かく巻いた頭髪）を表すためか、額にかかる髪は巻き毛のような描き方に代わり、肉髻《にっけい》（頭頂部にあるふくらみ）は丸くなる。耳たぶは11世紀には自然な形状だったものが、12世紀から徐々に長くなり始め、13世紀には肩にまで届くようになる。一方、首は非常に短くなる。三道《さんどう》（首回

25　Thambula-hpaya (No. 0482) 寺院
降魔印仏陀坐像

りに見られる三本の線)は11世紀からすでにあったものだが、仏陀の豊かさと権威を表す印である。当時、ふくよかな体形は健康的であるとされ、仏陀像のこうした体躯も理想的な表現と考えられていたという25。

## 象徴的な図像の定着

象徴的な主題やモチーフにはそれぞれ寺院内における定位置が決まっている。蓮華文は内陣天井の中央に、仏足跡は前室または入口の天井に、占星図は内陣入口通路の天井に描かれている。これらのシンボルは釈迦の生涯に深く関わるモチーフとして重視され、高い位置に配されたことが分かる。また、12世紀に登場した千仏は非常に人気を博していたようで、極端な例では、千仏のみで堂内を埋め尽くした寺院も登場している26。

26 №0647寺院　千仏

27 Kyansittha-umin (№0065) 寺院
元朝中国の兵士

## 中国人風の人物像

パガン王国は元朝中国の侵攻により徐々に衰退していく。戦時には寺院建設の中断や技術者の逃亡により、壁画が未完成のまま残されることも少なくなかった。異民族との接触は、壁画にどこか中国風の風貌を持つ人物像を生むことになった。髪形や衣装はビルマ族と明らかに異なっている。壁画の空白部分に描き加えられたり、当初の図像を塗りつぶして描き直されたりした。ビルマ人の手によるものか、元朝中国の兵士が残したものかは不明であるが、13世紀末に特有のモチーフであることは確かである27。

## 装飾文様

図像の種類や配置のルールがすでに確立したためか、壁画制作のエネルギーは装飾性の追求へと向けられたようである。13世紀の壁画において最も発展を見せたのは装飾文様だと言ってもよい。例えば、かつて円形文様が装飾を担っていた内陣天井には、代わって菱型、八角形、花形、木瓜形などが用いられることもあり、しばしば小さな仏陀像や神像を中に組み込むなど、デザインがはるかに豊富になった28。堂内の各所に施される装飾文様は、植物や幾何学的なモチーフをベースにして、動物、鬼神、ナーガやヴィヤーラなど古代インド以来の図像が取り込まれ、無数のパターンが生み出された。複雑で緻密な装飾文様は、時には仏陀や守護神たちにも勝る存在感を放っていることさえある29。

ここで装飾文様に取り込まれた動物たちは、実は本生図に由来するものであることが指摘されている。ハンサ、孔雀、象、ウサギ、水牛、鹿など、どれも本生図に登場する動物である。

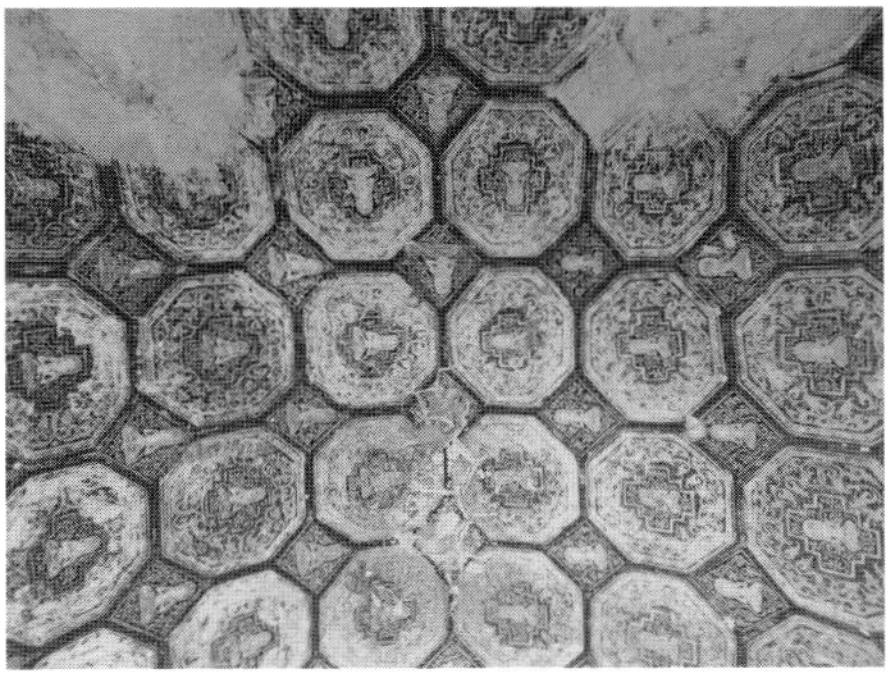

28 No. 1375 寺院　東仏堂天井の装飾文様

29 Hpaya-thon-zu (No. 0477-0478-0479) 寺院
装飾文様

30 No.1843寺院　装飾文様

つまり、これらの動物たちは釈迦の前世の姿であり、モチーフとして壁画に登場することはごく自然の流れであったと思われる。小型の寺院においては、本生図すべてを描くために十分な壁面積が確保できない場合もあった。よって、動物をあしらった装飾文様がすなわち本生図の代わりを果たすこともあったのだという30。

### 色彩

11世紀以来、使用されている顔料は白、黒、黄、赤の四色から変化はなかったと考えられている。13世紀には黒地に白という組み合わせが大変流行し、落ち着いて洗練された空間が生み出された。他にも、前室を白黒のみのモノトーンで仕上げておき、内陣には対照的に鮮やかな赤や黄を多用するなど、限られた色彩で最大の効果を引き出す工夫が感じられる。

## 4 「空白時代」(14世紀～16世紀)

### 折衷様式

14世紀から16世紀にかけてはほとんど壁画が制作されなかったことはすでに述べた。しかし、実はバガンには「空白時代」の壁画がごくわずかではあるが現存している。そこに見られるのは、13世紀までのパガン時代と17世紀以降のニャウンヤン時代が混じり合ったような折衷様式である。

№.０６８４寺院（Hsin-byu-shin 僧院建築群）は14世紀、ピンヤ時代に建立された小型寺院である。内陣天井に見られるのは蓮華文を中心に配した繊細な装飾文様であり、いかにもパガン時代らしいデザインと言える31。一方、壁面は横長の画面に区切られ、仏伝図や本生図と思われる各場面が連続して描かれている。こうした画面構成はニャウンヤン時代以降に主流となる様式である32。Mya-daung-ok-kyaung（№.０２２５）僧院は15世紀、インワ時代に属すると考えられている。内室には仏伝図の一部が横長の画面に描かれており、どことなくニャウンヤン時代以降の様式を思わせるが、仏陀を数多の神々や王族が取り巻く図像はパガン時代に近い表現である33。また、回廊には「一図一景」式の本生図が見られる34。

これらは、壁画の「空白時代」が模索と変遷の時代であったことを示す事例と言える。

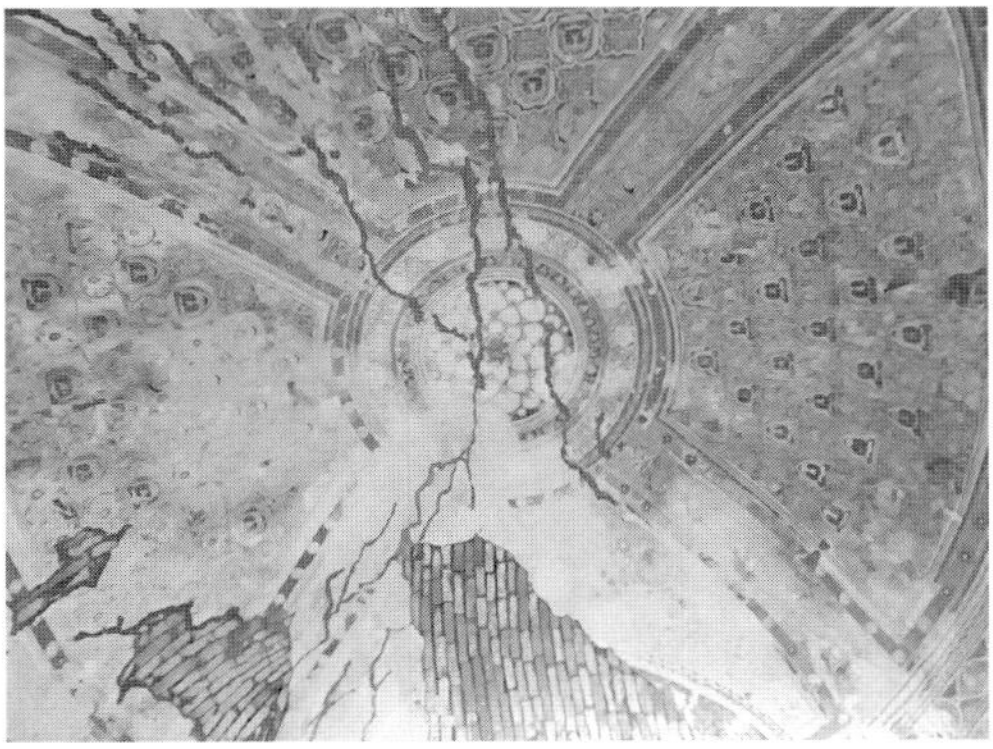

31　№.0684 寺院　蓮華文と装飾文様

32　№.0684 寺院　仏伝図または本生図

34 Mya-daung-ok-kyaung（No.0225）僧院　本生図

33 Mya-daung-ok-kyaung（No.0225）僧院　礼拝する神々



## 色　彩

この時代の壁画がパガン時代風のスタイルを残しつつも、新しい時代に向かっていることをよく示しているのが色彩の変化である。パガン時代には見られなかった鮮やかな赤と緑が多用されており、明るく華やかな印象を与えている。バガン考古支局職員によれば、こうした色使いには、元朝中国の侵攻によって荒廃したバガンの復興と発展への祈りが込められているという。同時に、ニャウンヤン時代以降の壁画にも共通して使用されることになる顔料が、この時期すでに入手できるようになっていた事実を示している。

## 比丘シュエ・ウー・ミンの修理事業

バガンの仏塔寺院の修理に携わったとして名を残しているのが比丘シュエ・ウー・ミン(Shwe Oo Min)である。当時の王都であったインワからバガンに移り、16世紀末から17世紀初頭にかけて活動したと伝えられている。シュエ・ウー・ミンは崩壊した煉瓦壁のほか、本尊を中心とした仏像の修理を特に重視しており、仏像背後に描かれた菩提樹の塗り直しを頻繁に行っている。このとき使用されたのが前述の鮮やかな緑色である。パガン時代の壁画でありながら、新しい色彩がしばしば認められるのはこうした事情によるものである35。

チンドウィン川沿いのパカンジー村には仏塔、寺院、僧院から構成されるShwe-oo-min寺院群がある。18世紀後期の建造とされているが、現在は草木が生い茂り廃墟となってしまっている。かつてシュエ・ウー・ミンが瞑想を行った場所と言われており、比丘の一行が参拝に訪れるなど現在も信仰を集めている36。

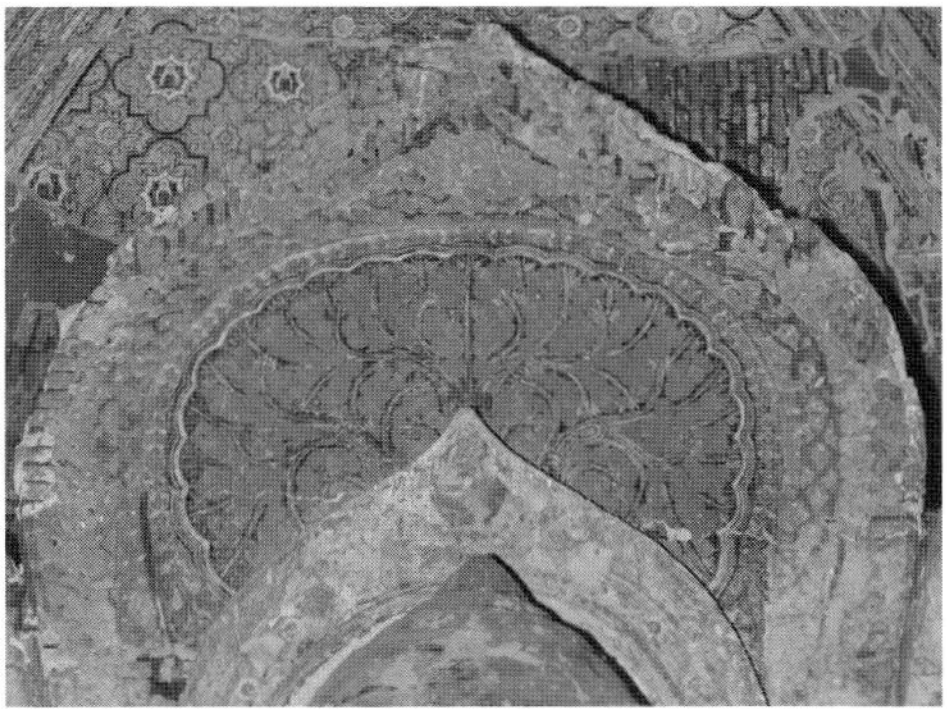

35　Kondaw-gyi (№ 0151) 寺院　本尊背後の菩提樹

36　Shwe-oo-min 寺院群　僧院回廊跡

## 5 ニャウンヤン時代（17世紀〜18世紀前期）

### 色彩と表現の革新

長い空白時代を経て、ニャウンヤン時代に再び姿を現した壁画は、パガン時代とは全く異なるものになっていた。強烈な印象を与えるのは、何よりも色彩の鮮やかさであろう。この時代、新たに入手可能となった顔料により、豊かな色彩が得られるようになったのである。壁画の主題はパガン時代から継承されたものがほとんどであるが、表現方法は大きく変化する。かつて、パガン時代においては、仏伝図や本生図には常に縁取りされた四角形の画面や格子状の区画が用いられ、個々の画面や区画が独立した図像として描かれていた。ニャウンヤン時代においてはそうした表現は失われ、連続する複数の場面を横につなげて描く、いわば絵巻物のようなスタイルが採用されている。場面の切り替えには、しばしば波状の線が区切りのために使用されている 37。

37 Pho-win-taung №0478 窟院　仏伝図と本生図

### 仏伝図と過去二十八仏

前述のように、仏伝図を描く場合は、釈迦の生涯から重要な主題を選び、横方向へ続けて描くスタイルとなる。こうしてパガン時代に見られた釈迦八相図は完全に消滅してしまう。ニャウンヤン時代においては、壁面の下層から上層に向かって、釈迦の前世を表す本生図、釈迦の生涯を描く仏伝図、釈迦以前に悟りを開いた過去二十八仏の順に配されていることが多い。このような画面構成により、仏陀の物語における時間の流れを表現しようとしていたものと思われる。

## 本生図

パガン時代のように本生図の全５４７話を描くことはなくなり、最後の十話、すなわち「マハーニパータ・ジャータカ」を大きく取り上げるようになる。仏伝図と同様、物語の各場面は絵巻物のように横続きに描かれている。物語は原則として左から右へ進み（スペースの関係上、稀に右から左へ進む例もあるという）、パガン時代とは逆に下の層から上の層へ展開する。パガン時代の「一図一景」式に比べてはるかに流動的かつ説明的であり、信徒たちに物語を理解させるのにより適していたと考えられる。マハーニパータ・ジャータカが選ばれたのは、信徒への教えに適した内容だったということもあるが、当時は小型の寺院が主流であったため、本生図に割り当てる壁面積が限られていたことも理由として挙げられるだろう。

本生図の舞台となっているのはニャウンヤン時代の社会である。衣装や髪形は当世風のものであるし、王侯貴族の宮廷生活のほか、民衆の日々の暮らしや仕事の様子が随所に描き込まれている。人物、動物、建造物の大きさの比率は無視されており、奥行きや遠近感も表現されていない。至って平面的な空間表現が大きな特徴である 38 。

38　Pho-win-taung №.0308 窟院　本生図

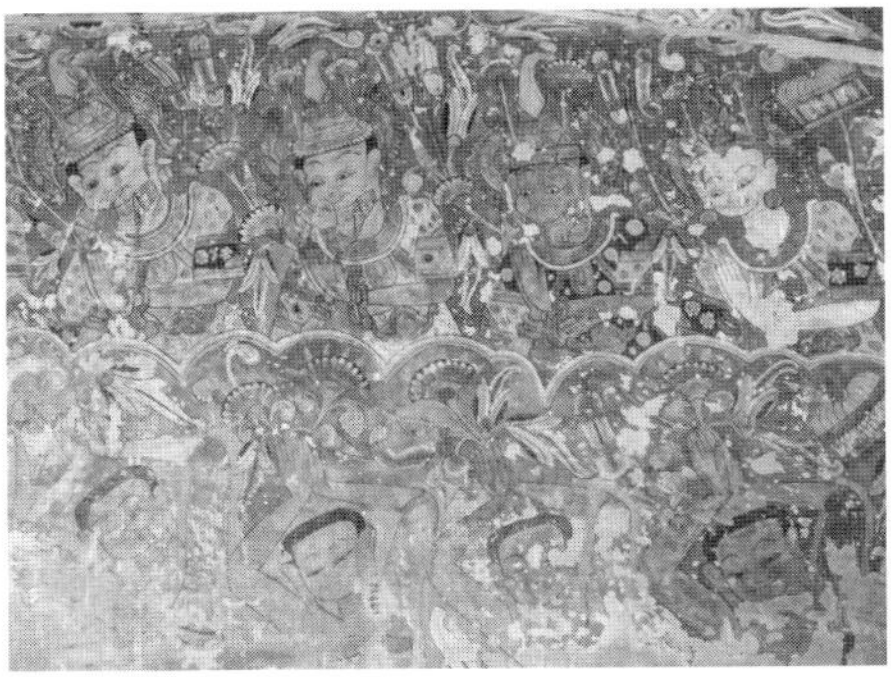
39 Pho-win-taung №0480 窟院
礼拝する神々と弟子たち

40 Tilawkaguru 窟院　蓮華文

41 Tilawkaguru 窟院　仏足跡

## 人物像―形式美の追求

仏伝図や本生図の登場人物、仏陀像の脇侍である守護神や弟子たちは、ニャウンヤン時代独特のスタイルで描かれている。ポーズは硬く不自然で、顔の表情は漫画かイラストのようにコミカルな印象を与える。生身の人間らしさからはかけ離れているが、こうした形式化された美しさが好まれた時代だったのであろう39。

## 象徴的な図像の継承と消滅

象徴的な図像はパガン時代から受け継がれたものと、消滅してしまったものがある。蓮華文はかつて内陣天井の中央に単一で配されていたが、ニャウンヤン時代においては、回廊の各所や寺院の四方の入口など複数箇所にも見られるようになる。パガン時代に比べてより大きく華やかに描かれることが多い40。仏足跡は必ずしも両足が揃っているわけではなく、片足のみの事例も少なくない41。なお、パガン時代後期に好まれた象徴的な図像のうち、占星図や千仏は姿を消してしまう。

## デザイン化された菩提樹

菩提樹は釈迦が悟りを開いた樹として神聖視されており、仏像の背後に必ず描かれている。ニャウンヤン時代以降、菩提樹の枝は、白い象牙が絡み合ったようなデザインに統一される。古来、白象は国王が乗る高貴な動物であり、釈迦の母マーヤー夫人《ぶにん》が白象の夢を見て懐妊したという伝説からも、仏教と縁が深い存在であった。白象のシンボルを組み入れることで、仏陀が高貴で正統な存在であることを示そうとしたものだという42。

42　Pho-win-taung №0478 窟院　菩提樹

## 地　獄

ニャウンヤン時代以降にしばしば見られるのが地獄の光景である。火あぶり、釜茹で、串刺しの刑など、地獄に落ちた人々が獄卒によってあらゆる苦痛を与えられている。信徒へ教訓を分かりやすく示すためには、非常に効果的なモチーフであったと考えられる。通常は壁面の最下層に描かれることが多い43。

## 装飾文様

基本的な文様はパガン時代から継承されたものだが、各寺院が互いに複雑で緻密なデザインを競い合うような傾向は見られない。円形、蓮

43 Pho-win-taung No. 0480 窟院 地獄

蕾状文様、種々の多角形など、比較的単純な図形をベースとして、植物をはめ込んだり、唐草や曲線でつなぎ合わせたりして様々なパターンを生み出している。ニャウンヤン時代の装飾文様は特に似通ったものが多く、雛型のようなものが使われていた可能性もある 44。

## 色彩

パガン時代には地元で産出する天然素材を用いていたが、ニャウンヤン時代になるとより発色に優れた赤や緑の顔料を入手することができるようになった。これらの新しい素材は、13世紀末にパガン王朝を滅ぼした元朝中国経由で持ち込まれたとするのが一般的な説である。あるいは、パガン時代以降、新たな土地開発の折に発見されたとも言われている。15世紀末から16世紀初頭にかけては、東南アジアの物産を求めてイタリア、ポルトガルなどの西洋諸国やイス

44 Tilawkaguru 窟院　装飾文様

ラムの商人が相次いでミャンマーに流入していたとされており、こうした西方世界との接触によって新しい顔料が持ち込まれたことも要因として考えられる。

## 6　コンバウン時代（18世紀後期～19世紀末）

### 画面構成と表現の多様化

壁画の主題はニャウンヤン時代から引き継がれたものが基本となっている。コンバウン時代初頭には、本生図や仏伝図を層状に重ねていく画面構成がまだ残っていたが、次第にそうした規制から脱却し、自由な画面構成や表現を追求するようになる。絵巻物のように横方向へ物語を進める表現は踏襲されているものの、各場面を厳格に隔てていた波状の線も徐々に見られなくなる。代わりに、宮殿や城壁などの建造物、森や川、岩山を用いることで、あまり違和感なく場面を切り替えることができるようになった。さらにコンバウン時代後期になると、一つの主題に焦点を当てて大きく取り上げたり、物語から特定の場面を選んで自由に配置したりするようになる。明らかに絵画のジャンルとしては風景画であるのに、釈迦の物語をごく控えめに潜ませたりもしている。

### 仏伝図と本生図

これまでの仏伝図は、「誕生」から「涅槃」まで、あるいは「出家踰城《ゆじょう》」から「降魔成道」までといった、連続する主題を欠かさず描くのが主流であった。コンバウン時代に至ると、「成道後七週間の瞑想」や「安居《あんご》」など、釈迦の物語の一部のみを取り上げる事例も見られる。本生図は、マハーニパータ・ジャータカを中心としながらも、必ずしもすべての説話が揃っているとは限らない。また、それぞれの物語はかなり限られた数の場面によって構成されていることが多い。こうした変化は、何よりも小型の寺院において効率的にモチーフを表現するための工夫であっただろうが、一方では寄進者の希望や好みを反映した結果でもあると言えるだろう。物語

45 Ananda-ok-kyaung (No. 2162) 寺院　本生図

には当時の生活文化がさらに積極的に盛り込まれるようになり、華やかな宮廷生活、庶民の仕事、村祭りの様子などが丹念に描かれている45。

動物の群れを集めた図像がしばしば登場するのがこの時代の特徴の一つである。仏教絵画においてはやや唐突な印象を与えるが、実はすべて本生図に登場する動物で、描かれた個体数はそれぞれ本生図における登場回数に対応しているという。つまり、釈迦が前世において生まれ変わった動物とその回数を示しているのである。仏教に縁の深いハンサや孔雀は最も尊い存在とされており、登場回数も多い。バガン考古支局職員によれば、次いで重要なのは、象徴的な意味合いを持つ牛(忍耐と勤勉)、獅子(勇気)、象(力)、馬(速さ)であるという46。

46 Yok-son-hpaya 寺院　動物のモチーフ

## 過去二十八仏

過去二十八仏は変わらず高い場所にあり、内陣天井中央の蓮華文を取り囲むように、一列または二列で配されている。壁画の代わりに小型の仏像を祀ることも好まれたようで、壁面に設けた張り出し部分に仏像を安置するためのほぞ孔が残されていることがある47。

## 人物像――形式美から写実へ

顔の表情や身のこなしは自然になり、人間らしい姿で描かれている。髪の後れ毛、当時流行していた太腿の刺青《いれずみ》など、リアルな描写も多い。衣装には当世風の模様が描かれており、ひだやしわも見て取れる。ニャウンヤン時代の形式美や不自然さからは離れて、写実的な表現を模索していることが見て取れる48。

## 西方の人々と文明の影響

インドやヨーロッパなど、ミャンマーよりも西方の出身と思われる異国人たちの姿が頻繁に描かれるようになる。ビルマ人とは肌の色、髪形、衣装などの風貌が明らかに異なっている。15世紀末から16世紀初頭にはすでにイタリア、イスラム、ポルトガルの商人が立て続けにミャンマーを訪れるようになっており、イギリスとフランスがそれに続く。彼らの中にはミャンマーに拠点を構え、住み付く者も少なくなかった。こうした異民族を描くことは、ビルマ族の王国による支配が多種多様な民

47　Pitakat-taik (№0062) 寺院　過去二十八仏

48　Pitakat-taik (№0062) 寺院　在家信者の行列

49 Law-ka-aung-myae 寺院　鉄砲を担う兵士

50 Kyauktawgyi 寺院　有翼の人物像

族に広く及んでいることを誇示する狙いもあったという。

コンバウン時代の壁画は西洋文明に大きく影響を受けていると考えられる。建物には奥行きや陰影が与えられ、遠近法を取り入れようとする姿勢が感じられる。また、戦いの場面にはしばしば鉄砲や大砲が見られるようになる。こうした銃火器はポルトガル人傭兵によってニャウンヤン時代以前からすでに使用されていたが、壁画に登場するのはなぜかコンバウン時代に入ってからのことである49。さらに19世紀には、汽車や蒸気船がモチーフとして取り上げられている。当時、アジアの植民地化を推進していたイギリスやフランスによって持ち込まれた文明の一端と考えるのが妥当であろう。

コンバウン時代末期になると、西洋の天使を思わせる人物像が登場する。彼らの背中には翼があり、空を舞う姿は神とも人とも異なる独特の存在であることを思わせる50。中には西洋のイメージそのままの天使像も見受けられる。

## 象徴的な図像

象徴的な図像のうち、蓮華文と仏足跡は以前同様に天井などの高い位置に配されている。須弥山は、比較的目立つ場所に大きな構図で描かれることが多い。また、回廊や参道の天井には、様々な星座を散りばめた星宿図が現れる。星座には動物、乗り物、仏教のシンボルなど多種多様なものが見られる 51。

## 装飾文様

ニャウンヤン時代よりも複雑で緻密なデザインが発展する。単純な図形のみに留まらず、種々の花々を組み合わせ、唐草や組紐文様でつなぎ、装飾性を高めている。装飾に取り入れられる植物の描写はごく自然になり、周囲の自然界にも関心を向けていた様子がうかがえる 52。

## 色　彩

ニャウンヤン時代と同様に、鮮やかな赤と緑を基調とした色彩が主流であり、しばらく大きな変化はなかった。コンバウン時代末期のごく限られた時期に限り、青い顔料が登場する。おそらくこれも国外から持ち込まれた素材と考えられる。青は自然の空色や星宿図の地色を描くのに欠かせないものであったことは言うまでもない。

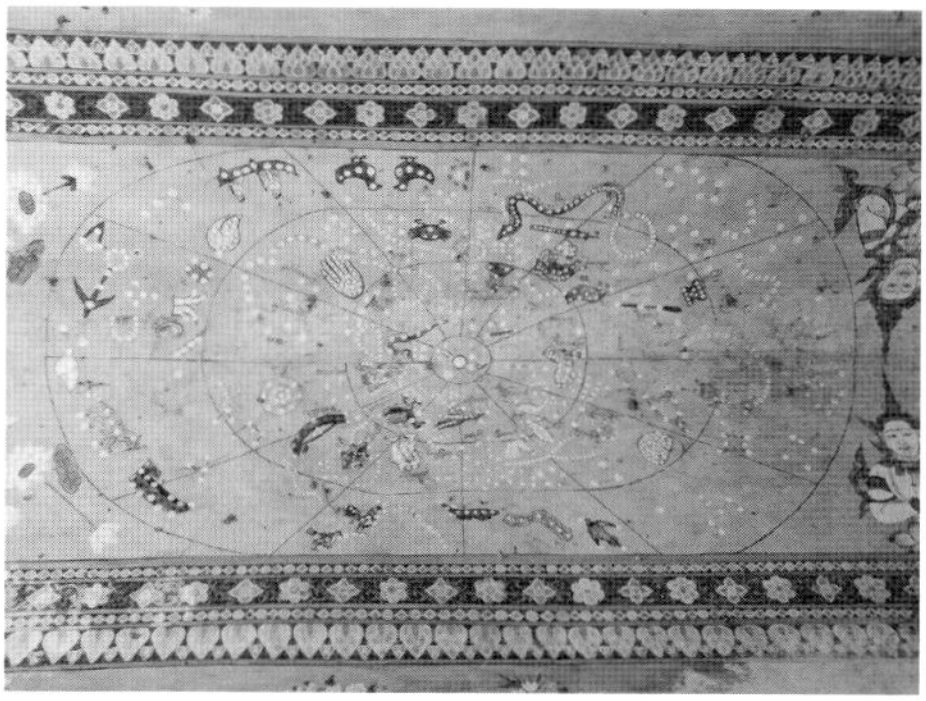

51　Kyauktawgyi 寺院　星宿図

52　Ananda-ok-kyaung (№ 2162) 寺院
装飾文様

## 足の裏

ミャンマーの仏塔や寺院では、誰であろうと裸足にならなくてはならない。そこかしこに落ちている枝葉のトゲに刺され、太陽にじりじり熱せられた煉瓦床に火傷しそうになり、あたかも苦行ともいうべき思いをすることも度々である。しかし、堂内ではまたもや困難が待ち受けている。そこに住み着くコウモリ、ヤモリ、ハトらの「生きる証」である。床に落ちているものを避けるのはもちろん、時には頭上から降ってくることもあるため気は抜けない。最初は足の裏がいちいち気になるのだが、壁画やストゥッコ装飾を夢中で眺めているうちに、不思議と気にならなくなってくる。これこそミャンマー仏教美術の魅力のなせる業であろう。是非とも多くの方々に足の裏を忘れるほどの体験をお勧めしたい。なお、頭と身体を守るための帽子とワクチン接種は必須である。

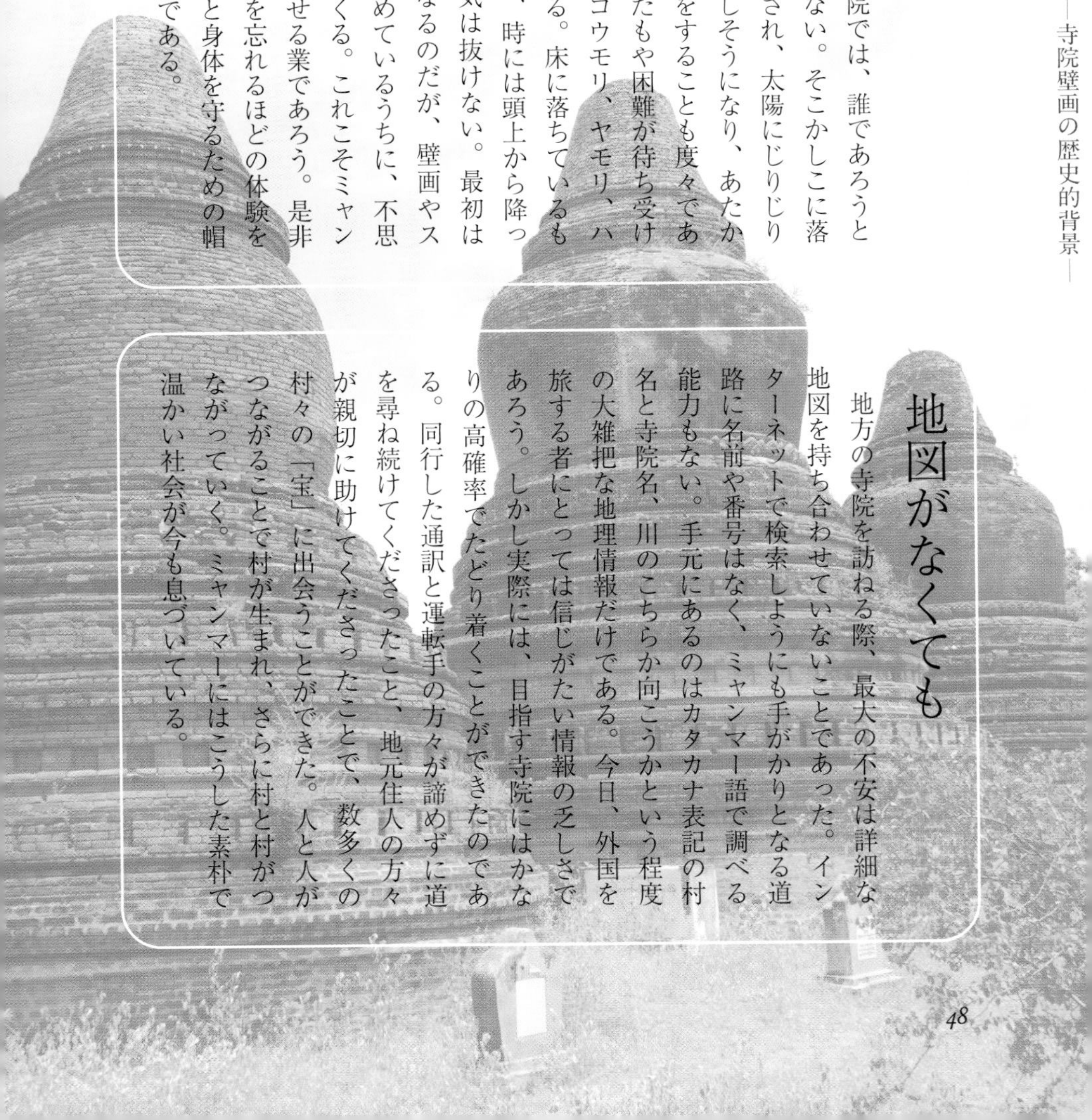

## 地図がなくても

地方の寺院を訪ねる際、最大の不安は詳細な地図を持ち合わせていないことであった。インターネットで検索しようにも手がかりとなる道路に名前や番号はなく、ミャンマー語で調べる能力もない。手元にあるのはカタカナ表記の村名と寺院名、川のこちらか向こうかという程度の大雑把な地理情報だけである。今日、外国を旅する者にとっては信じがたい情報の乏しさであろう。しかし実際には、目指す寺院にはかなりの高確率でたどり着くことができたのである。同行した通訳と運転手の方々が諦めずに道を尋ね続けてくださったこと、地元住人の方々が親切に助けてくださったことで、数多くの村々の「宝」に出会うことができた。人と人がつながることで村が生まれ、さらに村と村がつながっていく。ミャンマーには、こうした素朴で温かい社会が今も息づいている。

# 壁画調査の記録

# ミャンマー連邦共和国
# 壁画所在地

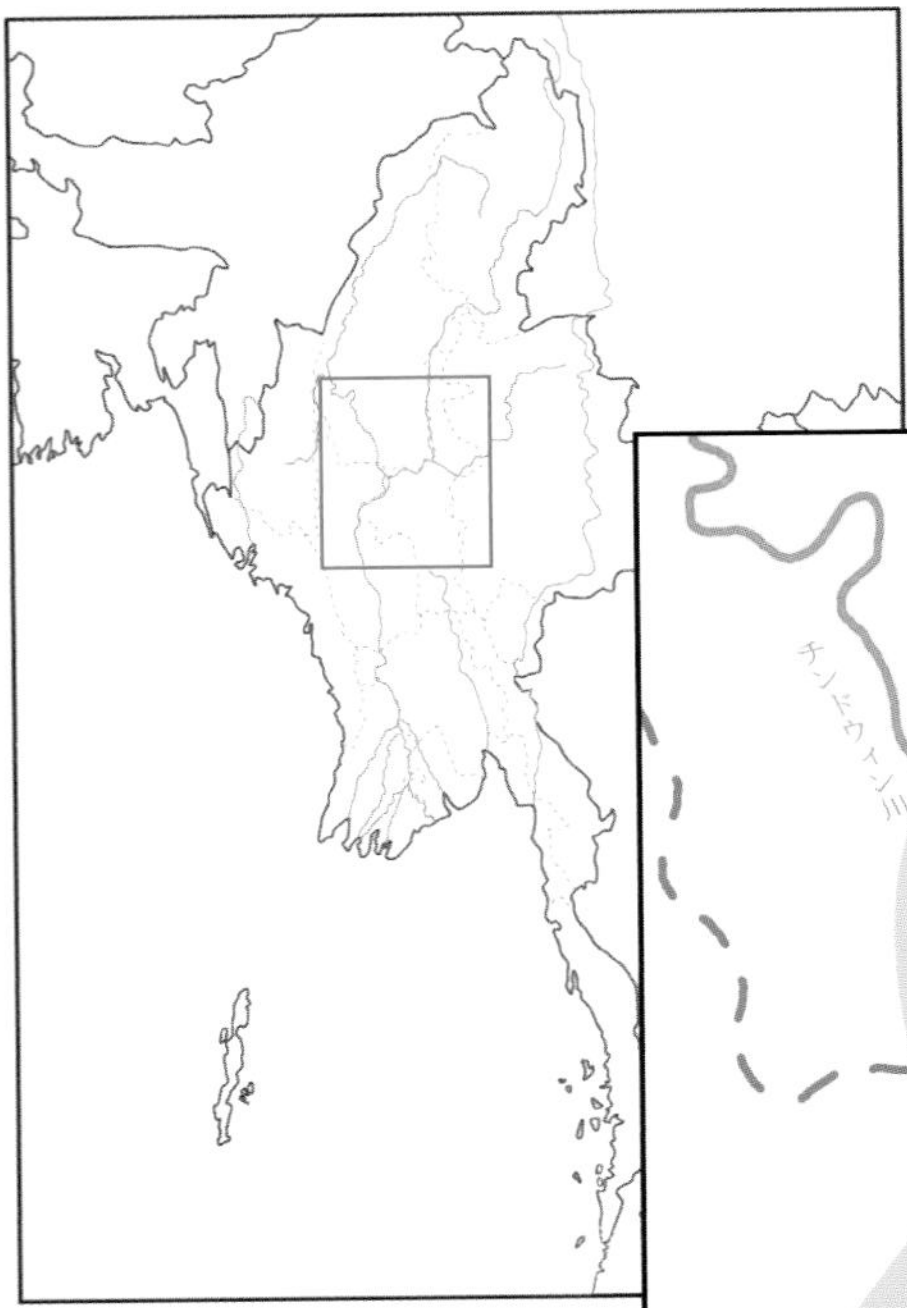

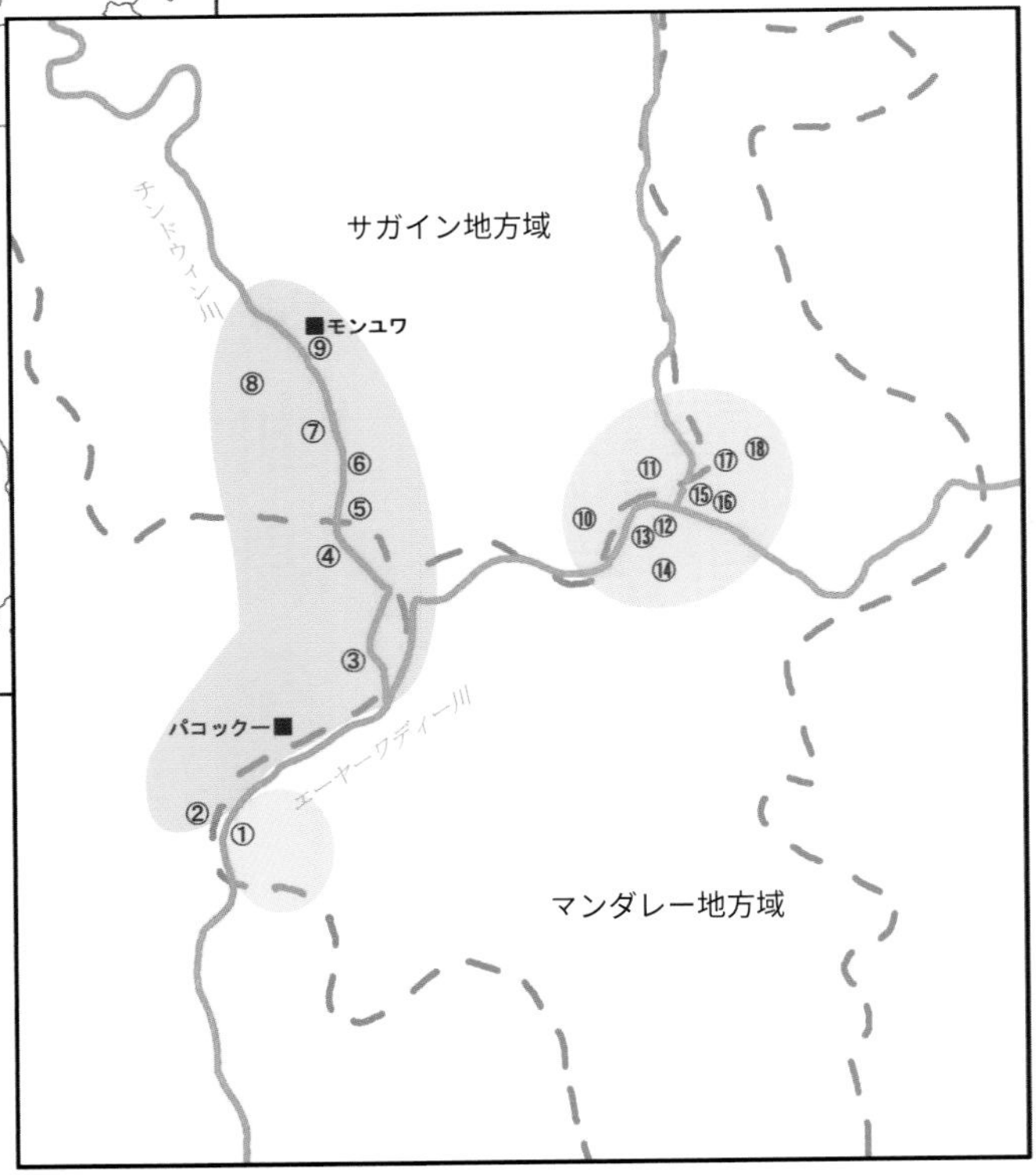


①バガン考古遺跡群（Bagan Archaeological Site）

②ニャウンラ村（Nyaung Hla Village）
③シンチュン村（Sin Kyun Village）
④マウー村（Ma Au Village）
⑤アネイン村（Aneint Village）
⑥アミン村（Amyint Village）
⑦タマン村（Thaman Village）
⑧ポーウィン山石窟寺院群（Pho Win Taung Caves）
⑨キンムン村（Kinmum Village）

⑩ユワティッジー村（Ywar Thit Gyi Village）
⑪サガインヒル（Sagaing Hill）
⑫インワ考古遺跡群（Innwa Archaeological Site）
⑬ピンヤ考古遺跡群（Pinya Archaeological Site）
⑭ハンターワディ村（Han Thar Wa Di Village）
⑮アマラプーラ町（Town of Amarapura）
⑯タウンダマン村（Taung Tha Man Village）
⑰マンダレー市（City of Mandalay）
⑱シュエザヤン村（Shwesayan Village）

凡　例
・次頁よりの壁画調査の記録は上掲の地図に示した三つの地域に分け、かつ年代の古いものから順に掲載した。
・掲載されている寺院には一般に公開されていないものを含む。

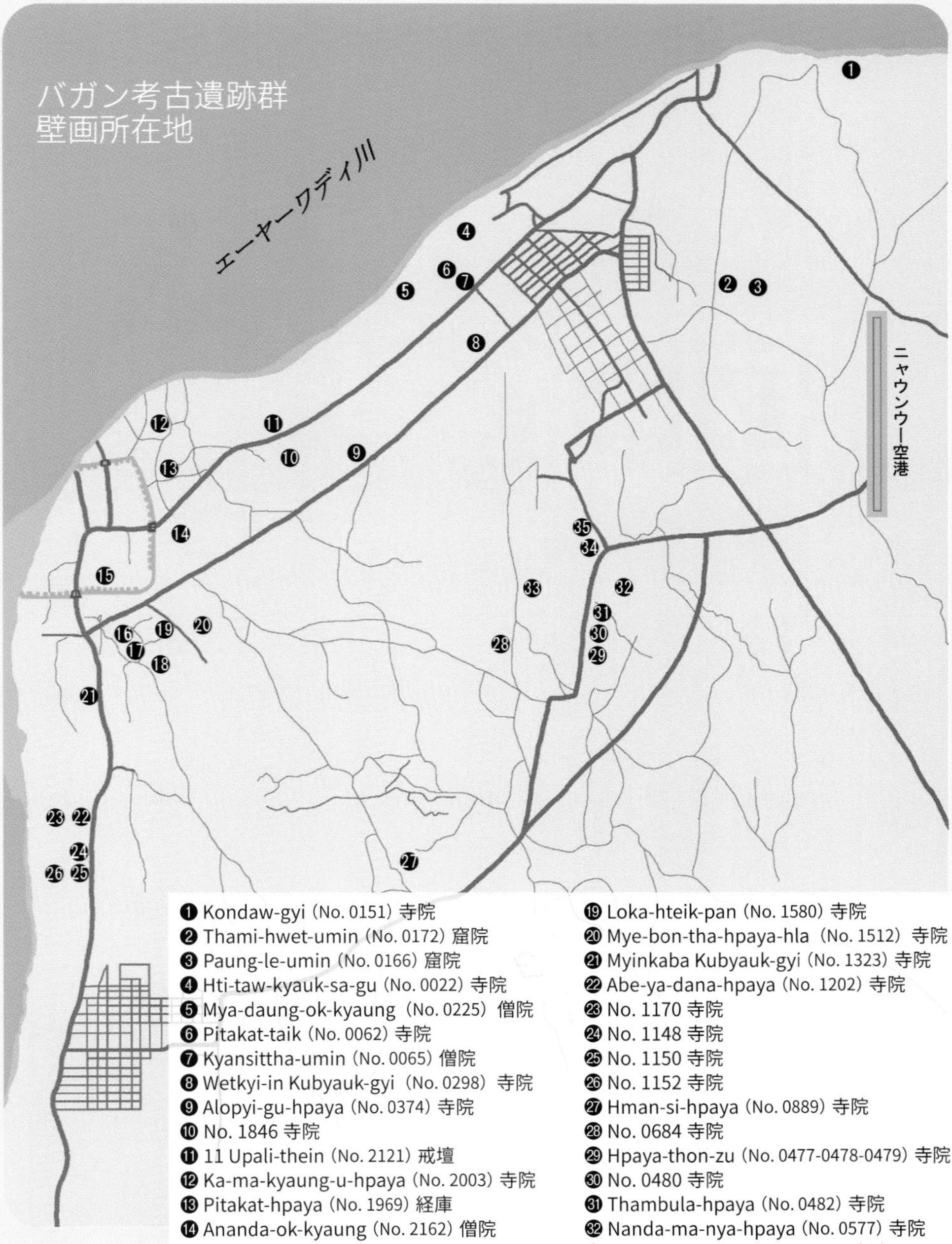


- ❶ Kondaw-gyi（No. 0151）寺院
- ❷ Thami-hwet-umin（No. 0172）窟院
- ❸ Paung-le-umin（No. 0166）窟院
- ❹ Hti-taw-kyauk-sa-gu（No. 0022）寺院
- ❺ Mya-daung-ok-kyaung（No. 0225）僧院
- ❻ Pitakat-taik（No. 0062）寺院
- ❼ Kyansittha-umin（No. 0065）僧院
- ❽ Wetkyi-in Kubyauk-gyi（No. 0298）寺院
- ❾ Alopyi-gu-hpaya（No. 0374）寺院
- ❿ No. 1846 寺院
- ⓫ 11 Upali-thein（No. 2121）戒壇
- ⓬ Ka-ma-kyaung-u-hpaya（No. 2003）寺院
- ⓭ Pitakat-hpaya（No. 1969）経庫
- ⓮ Ananda-ok-kyaung（No. 2162）僧院
- ⓯ Patho-hta-mya（No. 1605）寺院
- ⓰ Pe-nan-tha-gu（No. 1481）寺院
- ⓱ Thein-mazi（No. 1471）寺院
- ⓲ Tha-yan-bu（No. 1554）寺院
- ⓳ Loka-hteik-pan（No. 1580）寺院
- ⓴ Mye-bon-tha-hpaya-hla（No. 1512）寺院
- 21 Myinkaba Kubyauk-gyi（No. 1323）寺院
- 22 Abe-ya-dana-hpaya（No. 1202）寺院
- 23 No. 1170 寺院
- 24 No. 1148 寺院
- 25 No. 1150 寺院
- 26 No. 1152 寺院
- 27 Hman-si-hpaya（No. 0889）寺院
- 28 No. 0684 寺院
- 29 Hpaya-thon-zu（No. 0477-0478-0479）寺院
- 30 No. 0480 寺院
- 31 Thambula-hpaya（No. 0482）寺院
- 32 Nanda-ma-nya-hpaya（No. 0577）寺院
- 33 Ma-la-phyi-hpaya（No. 0664）寺院
- 34 No. 0660 寺院（Winido Group）
- 35 Winido-hpaya（No. 0659）寺院

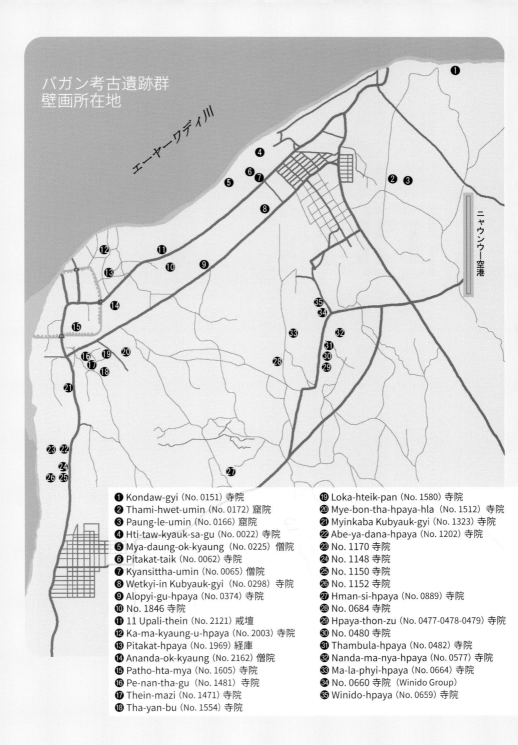

survey 01

# Patho-hta-mya（No. 1605）寺院

所在地：バガン考古遺跡群
（Bagan Archaeological Site）

時　代：11 世紀後期（建築は 10 世紀）

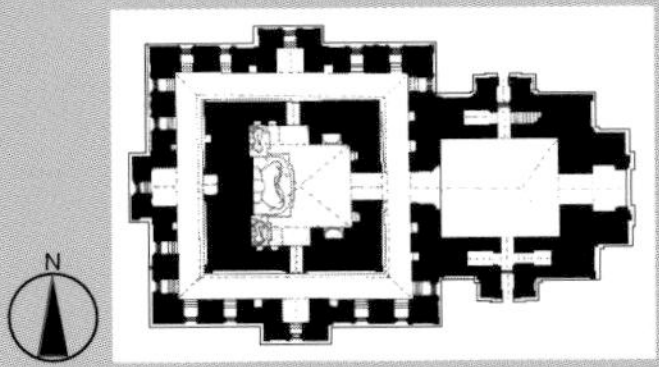

図 1　寺院平面図

▶ MAP P.51 ⑮



バガン考古遺跡群において最も古い寺院の一つであり、10世紀の建立と考えられている。内部の壁画は同時代のものとする見方もあるが、パガン王朝第二代国王ソールー（Sawlu、在位1077－1084年）時代の11世紀後期とする説が有力である。仏伝図が壁画に描かれた例としては東南アジア最古のものとされている。描かれているのは内陣回廊の外周壁で、回廊入口から時計回りに物語が進む。釈迦の生涯の各主題が順に並び、それぞれモン語による墨文の説明が記されている。当時はモン族を通じて上座部仏教が導入されたばかりで、ビルマ語がまだ確立していなかったためであろう。過去には貧しい人々が寺院に居候をすることもあり、堂内で煮炊きをしていたという。壁画が全体的に黒ずんでいるのは、灯火や線香だけではなく、焚火の煤が原因でもある。

前室西壁
内陣入口を守護する守門神像

## 降魔《ごうま》印仏陀坐像と説法印仏陀坐像

前室北壁
格子状の区画にそれぞれ脇侍を伴う仏陀坐像が描かれている。衣を偏袒右肩《へんたんうけん》とする降魔印仏陀坐像と、通肩《つうけん》とする説法印仏陀坐像が交互に配置されている

## 仏伝図

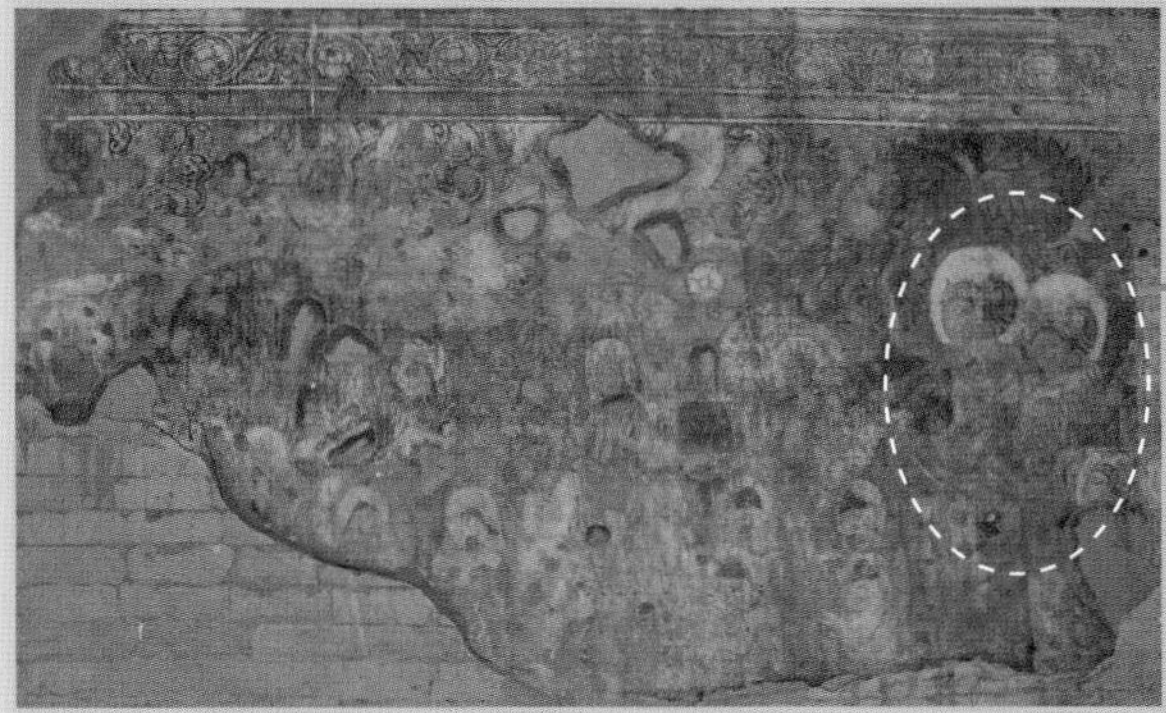

内陣回廊外周壁南側
「誕生」では、右端に釈迦の母マーヤー夫人《ぶにん》(左)とその妹がいる。画面中の三箇所に登場する宝冠と赤い衣をまとった人物はいずれも誕生後の太子（釈迦）と考えられる。「七歩」を表現したものであろう

内陣回廊外周壁南側
「占相《せんそう》」では、父王シュッドーダナが太子をアシタ仙人に見せ、将来を占わせる。衣装の細やかな文様にも注目したい

内陣回廊外周壁北側
太子が出家にあたり自らの長い髪を剣で切る「剃髪」。生身の人間に近い体躯である

## 円形文様

内陣回廊窓アーチ天井
円形文様は、回廊の天井、窓、仏龕《ぶつがん》のアーチ天井など見上げる位置に配されている。大小の円形から成るシンプルなデザインのようだが、よく見ると花弁や唐草の形が組み込まれている

survey 02

# Abe-ya-dana-hpaya（No. 1202）寺院

所在地：バガン考古遺跡群
（Bagan Archaeological Site）

時　代：11世紀後期

図2　寺院平面図

▶ MAP P.51 ㉒

パガン王朝第三代国王チャンシッター（Kyansittha、在位1084－1113年）が王妃アベーヤダナーのために建造したと伝えられている。内陣回廊には多くの仏龕《ぶつがん》が設けられており、安置された仏像を荘厳するように壁画が描かれている。壁画の特徴は、上座部仏教、大乗仏教、ヒンドゥー教、密教など異なる宗教のモチーフが混在している点である。チャンシッターは元々国王に仕える勇猛な武将であったが、即位後は初代国王アノーヤターの政策を継承し、上座部仏教の振興に尽力した。バガンにはチャンシッター時代に建立された寺院や仏塔が数多く残されている。11世紀の寺院は入口や窓が小さく、光があまり入らないため堂内が非常に暗い。暗闇に浮かび上がる仏像や壁画はいっそう厳粛で神秘的な印象を与えている。前掲のPatho-hta-mya（No.1605）寺院とも共通する特徴である。

**本生図**

前室東壁
前室全体に描かれていたと思われる本生図

内陣回廊北側
内陣の奥深くに安置されている本尊の降魔《ごうま》印仏陀坐像

## 仏教世界と托胎《たくたい》図

内陣回廊内周壁北側
マーヤー夫人（中央）の腹前に小さな釈迦が表されている

仏塔、仏陀、弟子、王侯らが上から順に列をなす。釈迦を胎内に宿したマーヤー夫人《ぶにん》は非常に珍しい図像である

## 宗教混在のモチーフ

内陣回廊内周壁南側
仏龕《ぶつがん》と仏龕の間には装飾が施されたメダイヨンがあり、牛、馬、鳥、亀などの動物を乗りものとする神々が描かれている。中には多臂《たひ》のヒンドゥー教の神々も見られる

## アーチ装飾

内陣回廊外周壁北西角
窓のアーチに沿って火焔状装飾が見られる。両端には大きく口を開けたマカラがいる。パガン時代に典型的な様式であり、寺院の入口、窓、仏龕などアーチを持つあらゆる箇所に施されている

内陣回廊外周壁南側
仏龕の左右には、宝冠を戴き、武器を手にした菩薩形の守護神が配され、腰をひねる独特の姿勢を取っている。その下には仏陀、菩薩、ヒンドゥー教の神々、修行者、王侯らが一列に並んでいる

内陣回廊外周壁西壁
守護神の持物や衣装の色はそれぞれ異なる

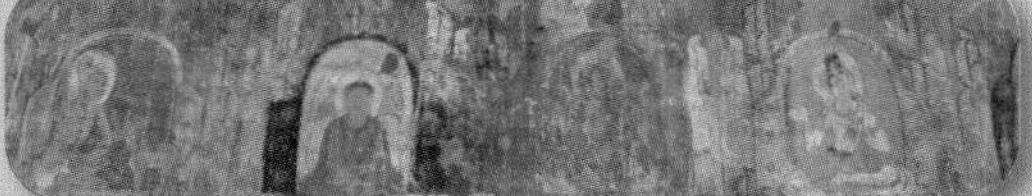

仏陀、菩薩、密教尊像、修行者などの図像が表されている

# survey 03 Alopyi-gu-hpaya（No. 0374）寺院

所在地：バガン考古遺跡群
（Bagan Archaeological Site）

時　代：11 世紀末～ 12 世紀

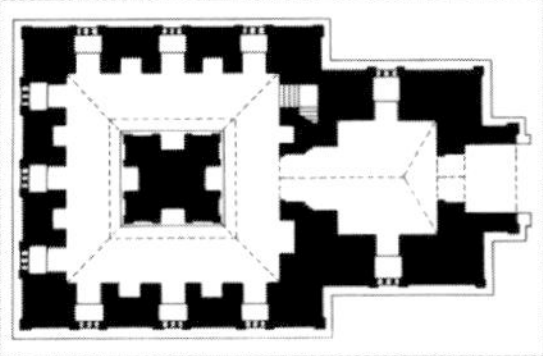

図 3　寺院平面図

▶ MAP P.51 ❾

パガン王朝第三代国王チャンシッター（Kyansittha、在位1084－1113年）時代の建造と考えられている。寺院の名には「願いが叶う」という意味があるという。そのためか、現在も地元の人々の信仰を集めており、参拝者の姿が絶えない。堂内には蛍光灯が点灯し、壁画がアクリル板で保護されているなど手が加えられているが、明るさを有効活用して建築の特徴にも注目したい。内陣回廊の天井を見ると、四方の外周壁から建物の中央に向かって徐々に煉瓦が積み上げられ、中央仏龕《ぶつがん》のところで最も高くなる。また、壁と天井の境目は階段状にせり出している。11世紀の寺院建築によく見られる特徴である。バガンは過去に何度も大地震を経験してきたが、こうした構造を持つ寺院は崩壊することなく持ちこたえているという。極めて耐震性に優れた建築技術だと考えられている。

**仏伝図**

前室南壁
あまり鮮明ではないが仏伝図の一部と思われる

内陣入口
前室から見た内陣の中央仏龕

## 仏陀像

内陣回廊外周壁南側

内陣回廊外周壁東側

内陣回廊には説法印を結ぶ仏陀像が縦横に並び、それぞれにモン語で経典名が付けられている。釈迦が数多の土地に赴いて行った説法、あるいは無数の経典を表しており、他にはない図像だという

中央仏龕西側
中央仏龕の周囲にも例外なく仏陀像が見られる

## アーチ装飾

中央仏龕西側
仏龕上部の火焔状装飾はごく初期のもので、模索の段階にあったと思われる。花や唐草は見られるものの、マカラの姿はない。円形文様にも花のデザインが採用されている

## 菩薩形の守護神

内陣回廊西側
窓や仏龕の左右を守る菩薩形の守護神

## ブラフマー神

中央仏龕西側
中央仏龕の四方には仏像が安置されており、左右に神々が描かれている。傘蓋《さんがい》を持物とし三面で表されるのはブラフマー神である

内陣回廊北側
11 世紀の特徴を示す煉瓦の組み上げ構造

survey 04
# Kyansittha-umin（No. 0065）僧院

所在地：バガン考古遺跡群
（Bagan Archaeological Site）
時　代：11世紀末～13世紀
（建築は11世紀末）

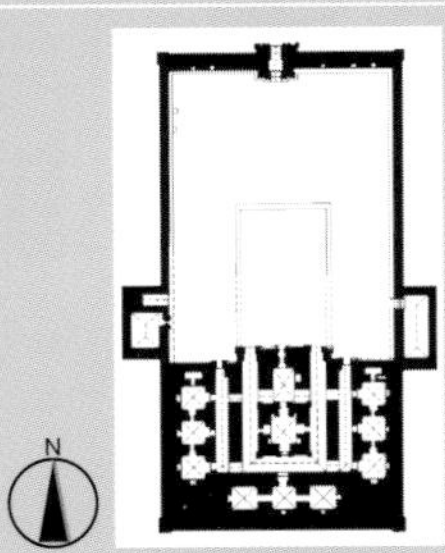


図4　僧院平面図

▶ MAP P.51 ⑦

パガン王朝第三代国王チャンシッター（Kyansittha、在位1084－1113年）の名を冠しているが、建築は初代国王アノーヤター（Anawrahta、在位1044－1077年）時代のものとされている。大きく厚手の煉瓦が使用されていることもその裏付けとなっているという。当時の僧院は木造が多かったため、こうした煉瓦造の建物が現存する例は非常に限られている。外観からは低い建物のように見えるが、構造の下半分は地下にあるという。僧院の内部には細い通路を縦横にめぐらし、比丘《びく》が瞑想するための小部屋がいくつも設けられている。壁画は建造当時の11世紀末から13世紀にかけて徐々に描き加えられたと思われ、異なる時代のスタイルが混在している。異彩を放っているのが元朝中国の兵士とされる人物像で、パガン王国への侵攻が始まった13世紀後期以降に特有の図像である。

**仏足跡**　東外側通路入口天井

釈迦の存在を象徴的に表したモチーフで、パガン時代には例外なく両足が揃っている。ごく初期のものと思われ、装飾文様などは見られない。入口や前室の天井など高い位置に描かれる

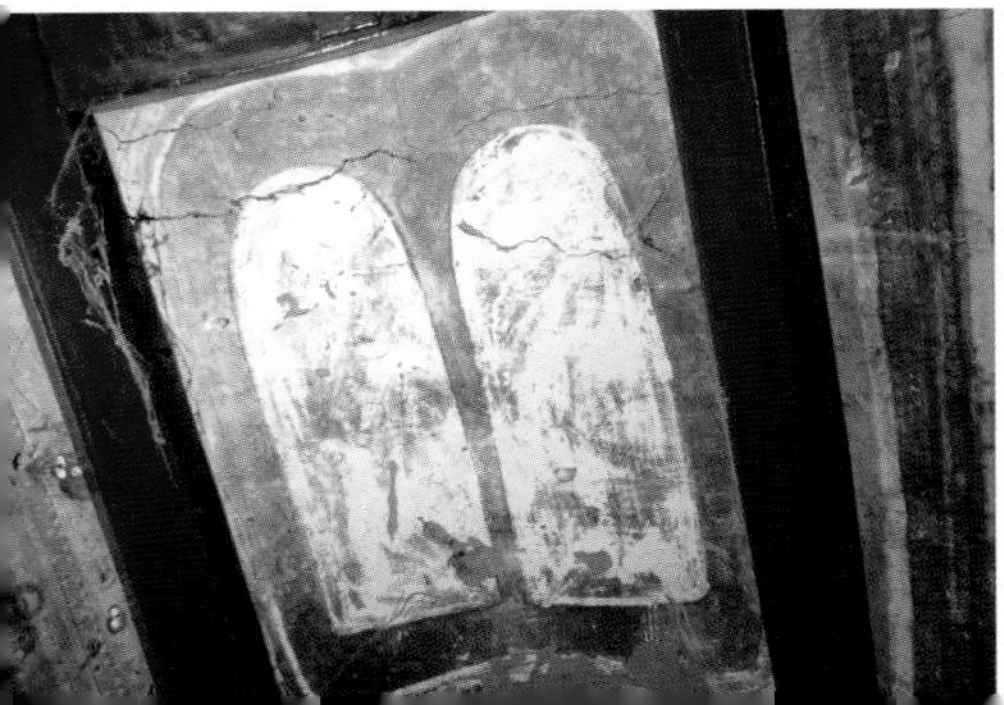

**三道宝階降下《さんどうほうかいこうげ》**　東内側通路東壁

須弥山《しゅみせん》を中央に配し、左側は釈迦が頂上の忉利天《とうりてん》へ向かう場面、右側は地上界へ戻る場面を表している

## パガン時代の生活文化

（左）東内側通路東壁
当時を反映した行列の舞踊や奏楽

（右）南側通路北壁
パガン時代の踊り子

中央内室
天井を取り囲む仏塔と比丘たち

## 元朝中国の兵士

南側通路南壁
中国人風の帽子や煙管《きせる》

南側通路北壁
兵士は鳥や樹木よりも後に描かれたという

## 装飾文様

東内側通路東壁
通路天井には聖鳥ハンサが見られる。これらは上から吊るされた鳥型の飾りを描いたものと考えられる。同様のモチーフは 12 世紀以降の壁画に頻繁に登場する

西外側通路東壁
蓮蕾状文様は 12 世紀以降に見られる装飾文様である。天井など高い位置に描かれるモチーフで、このように低い場所に描かれることは稀である

survey 05

# Myinkaba Kubyauk-gyi（No. 1323）寺院

所在地：バガン考古遺跡群
（Bagan Archaeological Site）

時　代：12世紀初頭

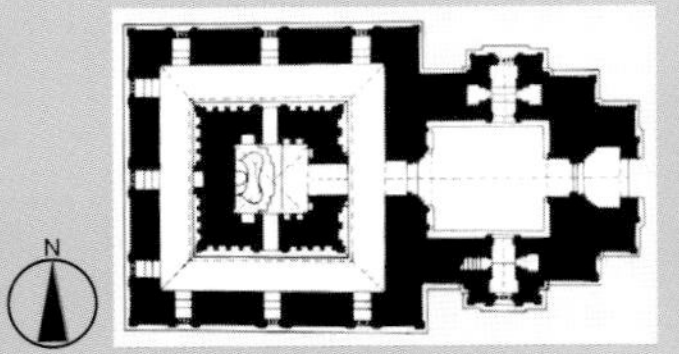


図5　寺院平面図

▶ MAP P.51 ㉑

パガン王朝第三代国王チャンシッター（Kyansittha、在位1084－1113年）の王子ヤザクマル（Yazakumar）により建造された。碑文の記載から、1113年の建立であることが判明している。12世紀の寺院でありながら、建築様式は11世紀の特徴を多く留めている。内陣回廊天井には、四方から中央に向かって煉瓦を組み上げる工法を採用している。天井と壁面の接合部は階段状となっており、天井に近づくほどせり出している。建物の規模に対して窓が小さく、堂内が非常に暗い。これらの特徴は、前掲のPatho-hta-mya（No.1605）寺院やAbe-ya-dana-hpaya（No.1202）寺院にも共通している。内陣回廊の内周壁に設けられた仏龕《ぶつがん》にはそれぞれ仏像が納められており、鮮やかな壁画によって装飾されている。仏像と壁画が共存している点にも11世紀の名残が認められる。

前室から内陣を臨む

前室の壁画は損傷が大きく、図像の確認が困難である。内陣入口上部には火焔状装飾がある。入口左右にはかつて煉瓦と漆喰で仕上げられた守護神像が納められていた

内陣回廊北西角

内陣回廊の天井は壁画が失われており、11世紀に主流であった煉瓦の組み上げ工法が確認できる。天井と壁面の境目には階段状のせり出し構造も見られる

## 本生図

内陣回廊外周壁南側
35㎝四方ほどの大型の格子状区画

内陣回廊外周壁西側
各説話にはモン語による墨文の説明が記されている

## 仏伝図・過去二十八仏

内陣回廊内周壁南側
内陣回廊の内周壁に描かれた仏伝図

内陣回廊内周壁南側
仏像を納めた仏龕は合計 28 箇所あり、過去二十八仏を表す。仏陀はそれぞれ異なる樹の下で悟りを開いたとされており、背後に描かれた樹木のデザインはすべて異なる

内陣回廊内周壁東側
雲中から姿を現した神々が仏陀に蓮華を捧げている

**神々と動物** 内陣回廊南側の窓
窓には階段が設けられ、神々やキンナラ・キンナリー、ハンサや水牛のつがいのほか、男女の交歓像、踊る男性像など多種多様な図像が描かれている

survey 06

# Loka-hteik-pan（No. 1580）寺院

所在地：バガン考古遺跡群
（Bagan Archaeological Site）

時　代：12 世紀前期

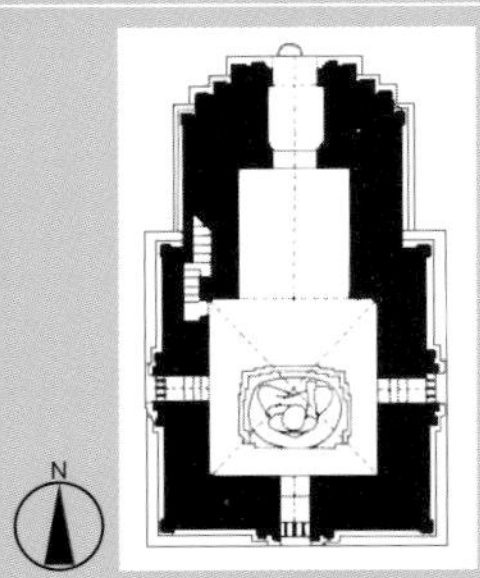


図 6　寺院平面図

▶ MAP P.51 ⓳



パガン王朝第四代国王アラウンスィードゥー（Alaunsithu、在位1113-1163年）時代の建立と考えられている。前室に続いてすぐに内陣があり、回廊は設けられていない。小型の寺院ながら、壁画の美しさでよく知られている。特筆すべきは本生図である。全547話のうちマハーニパータ・ジャータカと呼ばれる最後の十話が大きく取り上げられ、絵巻物のように横長の画面に描かれている。パガン時代の本生図は、壁面を格子状に区切り、一つの区画に一つの説話を表す「一図一景」式が定型であったため、同寺院における表現は極めて珍しく貴重な例である。また、本生図は前室や回廊に描かれることが多いが、この寺院のように本尊の近くに見られることは稀である。このほか、「釈迦八相図《しゃかはっそうず》」「須弥山《しゅみせん》」「仏足跡」などの主要な図像が、限られた壁面を最大限に活かして配置されている。

## 釈迦八相図

内陣南壁

本尊の後方左右にそれぞれ三つの主題が配置されている。「涅槃《ねはん》」はかつて同じ南壁の最上部にあったが、現在は失われている。「降魔成道《ごうまじょうどう》」は本尊によって表現されるため壁画は存在しない

（上）「酔象調伏《すいぞうちょうぶく》」
（下）「初転法輪《しょてんぼうりん》」

（上）「三道宝階降下《さんどうほうかいこうげ》」
（下）「千仏化現《せんぶつけげん》」

## マホーサダ本生図・ヴェッサンタラ本生図

マハーニパータ・ジャータカのうち最後の二つの物語である。前室西壁が「マホーサダ本生図」、前室東壁が「ヴェッサンタラ本生図」である。各場面にはビルマ語による墨文の説明が記されている

前室西壁
「マホーサダ本生図」

前室東壁
「ヴェッサンタラ本生図」

前室西壁
「マホーサダ本生図」の一場面

内陣
鮮やかな壁画に囲まれた本尊の降魔《ごうま》印仏陀坐像

### 仏足跡　前室天井

仏足跡の周囲には、蓮華文や唐草文などの装飾文様があしらわれている

### 忉利天《とうりてん》の説法・三道宝階降下　内陣東壁

亡き母のための説法後、釈迦がブラフマー神とインドラ神
えて地上界へ下りる場面である。右上にはまさに須弥山頂
忉利天で説法を行う釈迦がいる

survey 07

# Mye-bon-tha-hpaya-hla（No. 1512）寺院

所在地：バガン考古遺跡群
（Bagan Archaeological Site）

時　代：12世紀

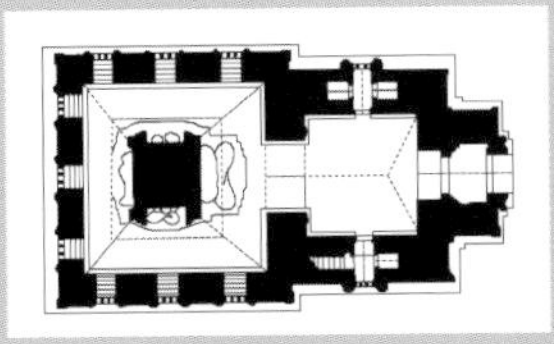


図７　寺院平面図

▶ MAP P.51 ⑳



12世紀に属する寺院だが、11世紀と12世紀の特徴が各所に混在している。建物全体に対して前室の比率が大きい点は11世紀の名残と言える。外壁装飾の美しさでも知られており、特に北側は保存状態も良好で、鬼面や連珠、植物などをかたどったストゥッコ装飾が良く残っている。窓には採光のために円形の孔があけられた石材がはめ込まれている。11世紀には煉瓦を組んで作られていたが、12世紀に入るとこうした砂岩製のものが主流になっていくという。堂内の壁画は多くが剥落している上、変色や退色が進んでいるが、現存する箇所からはかつての壮麗さがうかがえる。前室には全体に仏伝図を配し、内陣回廊には説法印を結ぶ仏陀像が縦横に隙間なく並んでいたと思われる。こうした配置は、11世紀のPatho-hta-mya（No.１６０５）寺院やAlopyi-gu-hpaya（No.０３７４）寺院とも共通している。

内陣回廊外周壁
**内陣回廊の壁画は大部分が失われており、残された箇所も劣化が進んでいる。説法印を結ぶ仏陀像が縦横に並んでいる様子が辛うじて確認できる**

北外壁のストゥッコ装飾と砂岩の窓

## 仏伝図

前室南壁
（左）パガン時代の壁画に用いられた色彩は非常に限られていた。仏陀の身色は白、髪は黒、衣は赤、光背は黄もしくは白で表現するのが慣例だったようである
（中央）赤い衣をまとう立ち姿の釈迦が見られる

前室北壁
パガン時代の舞踊と奏楽

前室東側
「三道宝階降下《さんどうほうかいこうげ》」

内陣に安置された仏像は過去四仏ではなく釈迦の生涯の四大事《しだいじ》に対応している。北に「誕生」、東に「降魔成道《ごうまじょうどう》」、南に「初転《しょてん》法輪《ぼうりん》」、西に「涅槃《ねはん》」を配する。いずれも近年の復元である

東本尊の台座
「降魔成道」を表す仏陀坐像の台座下部に見られる三面のブラフマー神像

## 装飾文様

内陣回廊窓天井
12 世紀の典型である黄色地の円形文様

内陣入口天井
正確に描かれた円形文様と植物文様

survey 08

# Tha-yan-bu (No. 1554) 寺院

所在地：バガン考古遺跡群
(Bagan Archaeological Site)

時　代：12世紀

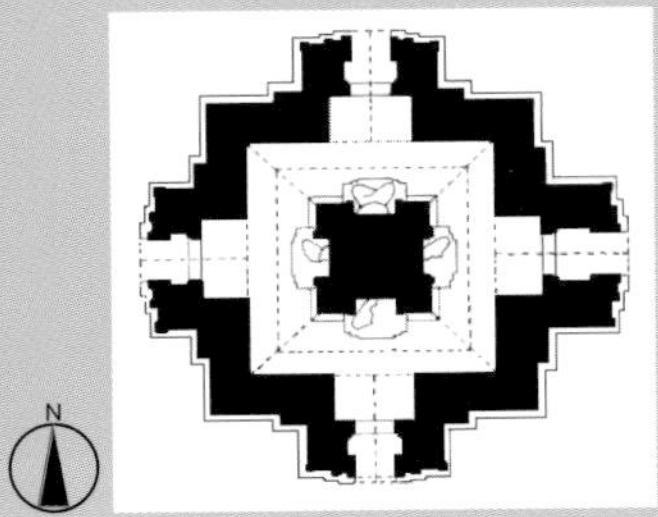

図8　寺院平面図

▶ MAP P.51 ⑱

他の寺院とは異なり、大きな仏塔を載せたような屋根が特徴的である。寺院の四方に入口があるが、現在は正面入口である東を除き、他の三方は出入りができないようになっている。各入口の正面に仏龕《ぶつがん》が設けられ、仏像が安置されている。これらは過去二十八仏のうち、釈迦を含めた最後の四人の仏陀を表している。内陣回廊は四箇所の仏龕をつないでおり、壁面の下半分には本生図、上半分から天井にかけては千仏が描かれている。本生図は一つ一つの区画が小さくなり、13世紀パガン時代盛期の到来を予感させる。ごく小さい仏陀像を並べる千仏は12世紀以降に流行する図像である。11世紀までは天井に円形文様や植物文様以外のモチーフが描かれることはなかったため、こうした千仏などの新しいモチーフは時代の変化を感じさせる。

**忉利天《とうりてん》の説法**

東入口北壁

須弥山《しゅみせん》に見られる細い黒線の描写はパガン時代に独特のもので、山を表現している。寺院四方の入口にはいずれもこうした仏伝図があったと思われるが、損傷が大きく現存するものは一部のみである

## 本生図・千仏

回廊南東角
下半分は本生図、上半分は千仏である

回廊東壁　「一図一景」式の本生図

回廊南壁
ビルマ語による墨文の説明が記されている

回廊西側天井　高い位置に描かれた千仏

## ブラフマー神とインドラ神　北仏龕

北側の本尊を守護するのはブラフマー神とインドラ神である。他の仏像の脇侍は左右ともにブラフマー神で、必ずしも三面ではないが、バガン考古支局職員によれば、宝冠と独特の髪形によって判別できるという

ブラフマー神は三面で傘蓋《さんがい》を手にしている。インドラ神は、やや見にくいが、顔のそばに白い法螺貝を掲げている。神々の傍らには後ろ脚で立ち上がるヴィヤーラも見られる

## 占星図

北仏龕
四つの円形は釈迦の「誕生」「成道《じょうどう》」「初転法輪《しょてんぼうりん》」「涅槃《ねはん》」（四大事《しだいじ》）を示す占星図である。バガン考古支局職員によれば、反対側にあるもう一つの占星図は未来仏のものと思われるが断定はできないという

survey 09

# Thein-mazi（No. 1471）寺院

所在地：バガン考古遺跡群
（Bagan Archaeological Site）

時　代：12 世紀後期

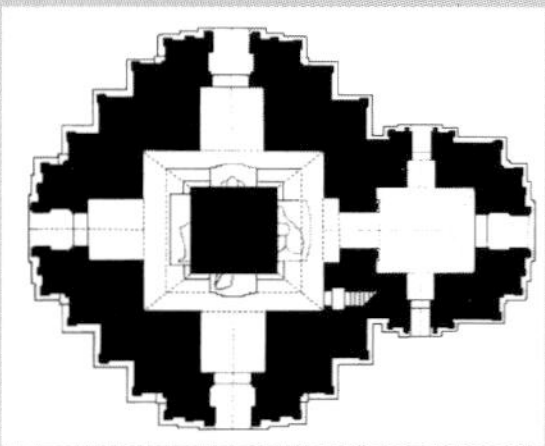

図 9　寺院平面図

▶ MAP P.51 ⑰



壁画は全体的にあまり鮮明ではないが、部分的に赤、黄、黒などの色彩が残っている。仏伝図や本生図といった仏教的主題よりも装飾文様が目を引く。余白をいかに装飾するかという点にむしろ関心が寄せられていたかのようである。宝冠を戴いた神々の姿が目立ち、内陣入口、回廊の天井や壁面など、堂内の至る所に描かれている。雲に乗る神々は、パガン時代を通じて非常に好まれた図像である。

壁画が失われ、煉瓦壁がむき出しになっている箇所がいくつもあるが、その原因の一つに盗難事件がある。ドイツ人の冒険家トーマン（Theodor Heinrich Thomann）による被害（1899年）は、バガン全体で七～八箇所ほどの寺院に及んでいるという。煉瓦壁に直線的な切り込みが見られるのは、チェーンソーを使って壁画をはぎ取った跡である。

**魔衆の敗退・須弥山《しゅみせん》**　前室北壁

（左）前室に「魔衆の敗退」の場面が残っている。やや見にくいが、白象に乗っているのが魔王マーラである。魔衆を伴い、右方向へ敗走していく場面である。かつて、反対側の南壁には「魔衆の攻撃」があったという
（右）須弥山と七金山《しちこんせん》が断面図として描かれている。四つの仏塔の中にいるのは、須弥山の四方を守る四天王の可能性もある。その下の二つの丸い欠損部分には、太陽と月の象徴が描かれていた

内陣入口の周囲では神々が蓮華を捧げ持つ

**蓮華を捧げ持つ神々**　前室西壁

神々が乗るのはマカラや鬼面、獣面から構成された雲である

**過去二十八仏・本生図**

内陣回廊外周壁東側
本生図の上には過去二十八仏が並ぶ

**占星図・双神変《そうじんぺん》**

内陣入口通路天井
四つの占星図はすべて失われている

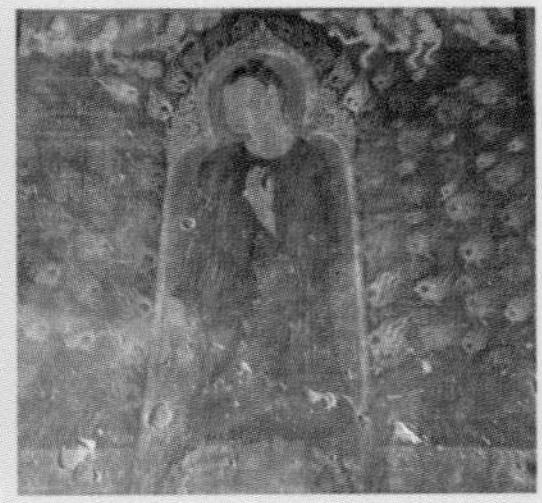

内陣入口通路南壁
釈迦の体躯はやや丸みを帯びつつある

**三道宝階降下《さんどうほうかいこうげ》**

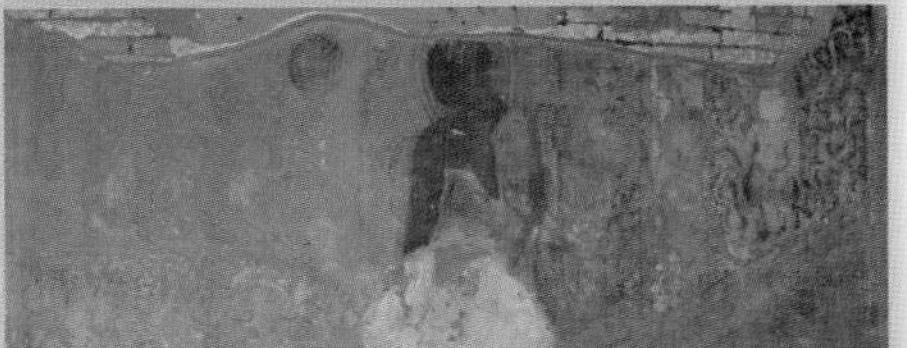

内陣回廊外周壁南側
現存する数少ない仏伝図の一つ

**装飾文様**　内陣回廊東側天井
寺院四方の入口や内陣回廊の天井には、色彩やモチーフを変化させた様々な装飾が施されている。幾何学的な七宝繋文様や曲線的な植物文様が対照的である。神々が隙間なく描かれた様には迫力さえ感じられる

survey 10

# Kondaw-gyi (No. 0151) 寺院

所在地：バガン考古遺跡群
(Bagan Archaeological Site)

時　代：13 世紀初頭

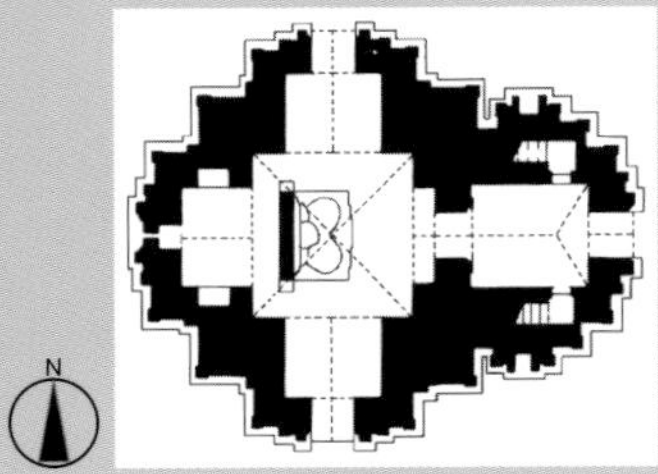


図 10　寺院平面図

▶ MAP P.51 ❶



エーヤーワディー川沿いの高台に建つ寺院である。バガン中心部からは、北東のニャウンウーよりもさらに東奥に進んだ地区にある。周辺の土は明るい色をした黄土で、壁画の下地に混ぜて使われていたと考えられている。砕くと黄褐色の顔料が得られる小石も周囲に転がっている。パガン時代の壁画は、こうした自然由来の材料を存分に活かして生み出されたのである。13世紀には大規模な寺院があまり建造されなくなり、比較的小さなものが数多く建てられるようになった。建物の規模が小さくなると、当然のことながら壁面積も小さくなる。限られたスペースにできるだけ多くの仏教的主題を盛り込むため、壁画の制作においては緻密で繊細な表現を極めていくことになる。空間を埋め尽くす神々の像や植物などの装飾文様も見どころである。

**仏伝図**
内陣内扉脇南側
内陣入口に「出家踰《ゆ》城《じょう》」と「剃髪」がある

寺院よりエーヤーワディー川を臨む

## 本生図

前室南壁

本生図が描かれているのは10cm四方ほどの小さな区画である。仏伝図はそれよりも大きく、本生図全体を囲むように配置されている。釈迦八相図に加えて、馴染みのある場面が選ばれている

本尊

菩提樹の緑色は後世の補彩である

## 装飾文様

前室南壁

天井には蓮華を捧げ持つ神々がいる。神々が高い位置に描かれるときは、そこが天界であることを示しているという。手の込んだ唐草文様や蓮蕾状文様が装飾性を高めている

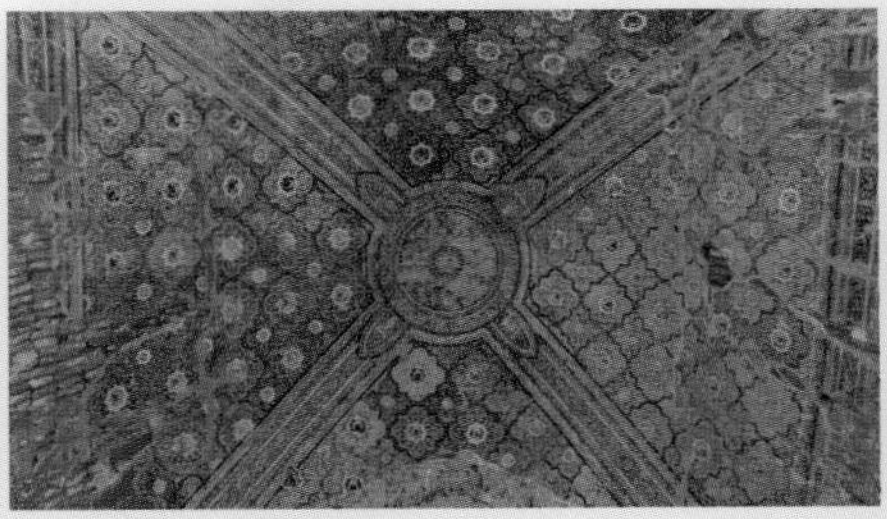

内陣天井

蓮華文を中心に配し、対角線上に帯状装飾を描くスタイルは13世紀の小型寺院に多く見られる。正方形に四枚の花弁を合わせたような文様の中には、小さな仏陀像が描かれている

内陣東壁北側

神々と装飾文様がびっしりと壁面を覆う

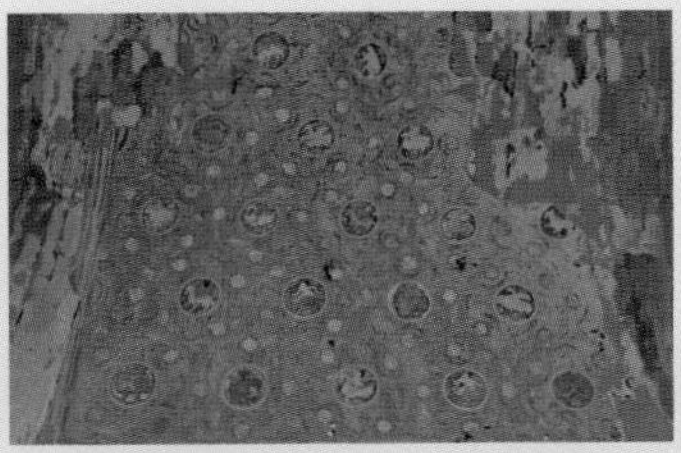

南入口天井

（上）人物や動物を表した円形文様

（下）蓮蕾状文様と鳥型の吊るし飾り文様

survey 11

# No. 1152 寺院

所在地：バガン考古遺跡群
（Bagan Archaeological Site）

時　代：13 世紀初頭

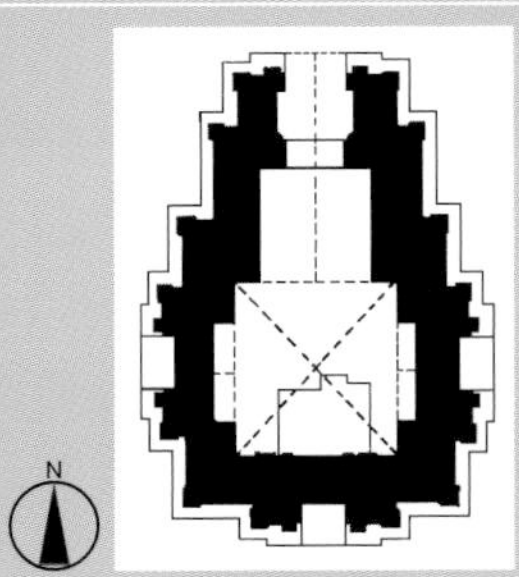


図 11　寺院平面図

▶ MAP P.51 ㉖

13世紀には小規模な寺院が数多く建立されたが、中でもひときわ小さいものの一つである。寺院の内部は、多用されている黄色の印象が強く、一見したところシンプルな壁画に思われる。しかし、それ以外の部分をよく観察すると、ごく狭いスペースに細かい描写がなされていることに気付く。最大の特徴は「魔衆の攻撃」と「魔衆の敗退」で、本尊を中心として二つの場面が対称となるように展開している。魔王マーラが率いる魔衆の姿をこれほど多種多様な動物とともに描いた壁画は他に例がないという。「釈迦八相図《しゃかはっそうず》」は小さい画面ながらも比較的状態が良く、図像をはっきりと確認することができる。各場面の組み合わせや、本尊を中心として対称となる配置は、伝統的な壁画制作のルールに則したものである。

西壁龕
仏陀立像の左右には頭髪を二つに束ねた修行者が控えている。二大弟子もしくは神々が描かれるべき場所にこれらの人物が現れるのは異例である

内陣
本尊の左右に設けられた壁龕には仏陀立像が描かれている

## 魔衆の攻撃・魔衆の敗退

内陣東壁

本尊を挟んで左側に「攻撃」を、右側に「敗退」を描くのは伝統的な配置である。魔衆は釈迦を攻撃しようとするが敗走する場面を、壁画と立体的な仏像とで表現している

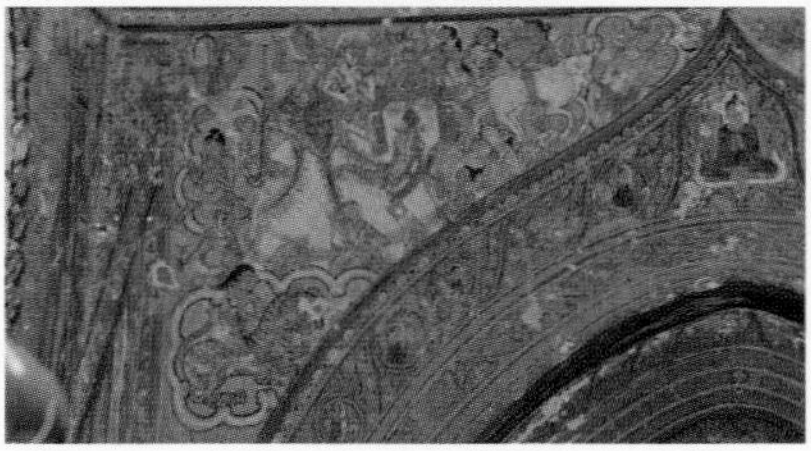

内陣西壁

魔衆は後方を振り返りつつ敗走していく

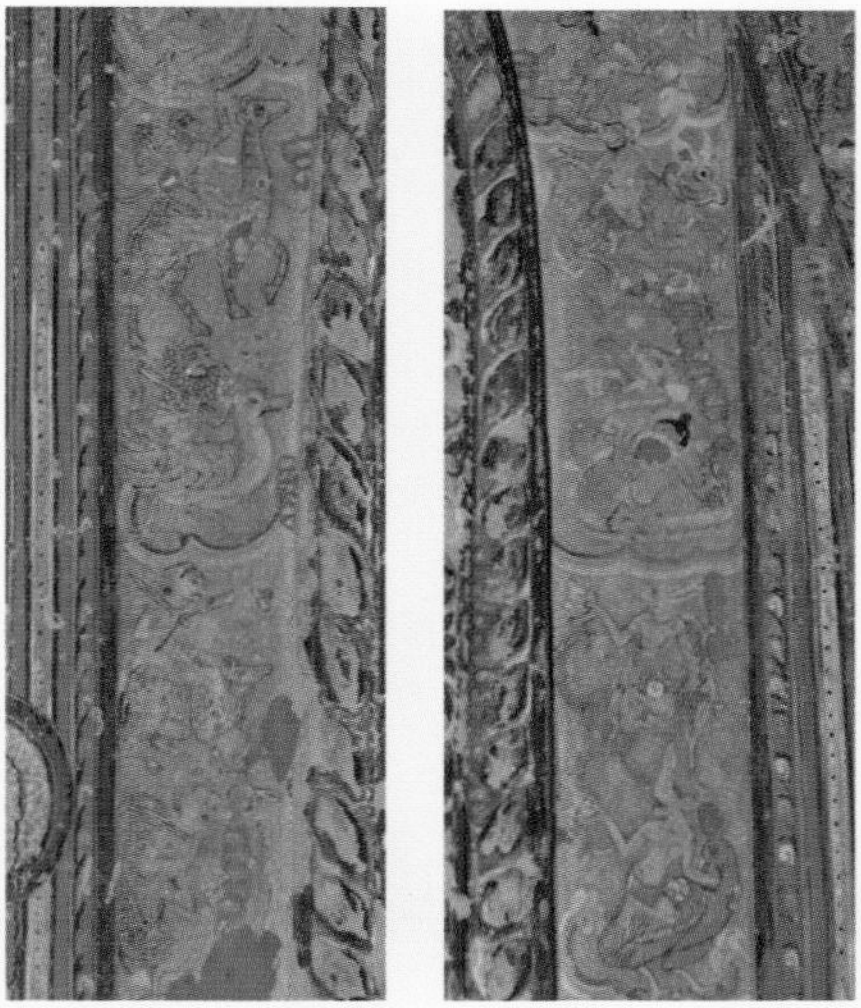

内陣南壁

本尊の光背の両脇には細長い区画があり、魔衆が描き込まれている。獣頭人身、異民族のような風貌の者、あるいは猿までもが、鳥、ウサギ、猪、熊、シマウマ、ラクダに乗っている

## 釈迦八相図

内陣東壁

内陣西壁

本尊を中心として対称になるように、左右にそれぞれ三つの場面を組み合わせて配置している。縦に五つずつ桝目が並んでいるが、下から三番目と五番目には仏陀坐像を挿入し、空間を補っている

「酔象調伏《すいぞうちょうぶく》」

「初転法輪《しょてんぼうりん》」

「獼猴奉蜜《みこうほうみつ》」

「三道宝階降下《さんどうほうかいこうげ》」

「舎衛城《しゃえいじょう》の神変《しんぺん》」

「誕生」

survey 12

# Winido-hpaya（No. 0659）寺院（Winido Group）

所在地：バガン考古遺跡群
（Bagan Archaeological Site）

時　代：13 世紀初頭

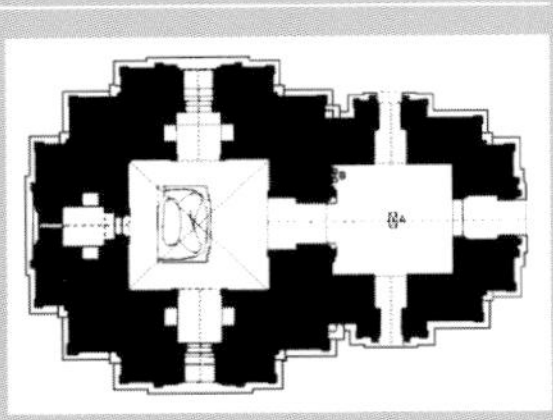

図 12　寺院平面図

▶ MAP P.51 35



エーヤーワディー川からは離れた内陸部のミンナントゥ（Minnanthu）村の北にあり、複数の建造物から構成されるWinido Group 寺院群に属する寺院の一つである。前室の本生図と内陣の仏伝図がともに格子状の区画に描かれており、大部分が現存している。前室は全体的に白と黒でまとめられているが、内陣に入ると鮮やかな赤が各所に使用されている。壁面の下部に見られる帯状装飾はNanda-ma-nya-hpaya（No. 0577）寺院、Hpaya-thon-zu（No. 0477-0478-0479）寺院のものとよく似ており、様々なモチーフをあしらった複雑な文様が特徴的である。これらの寺院は建造年代や所在地も近く、当時の流行を互いに取り入れていた可能性がある。

## 本生図

前室南壁
前室の壁一面に描かれた本生図

前室北壁
区画は縦 14cm、横 11cmほどである

## 仏足跡・仏教における須弥山《しゅみせん》世界図

前室天井
半ば剥落しているが、天井には二つの円形の図像が認められる。一方は仏足跡、他方は仏教世界を真上から見た図である。須弥山と七金山《しちこんせん》の周囲は海で、よく見ると魚の群れが描かれている

## 占星図

内陣入口天井
黒い円形は釈迦の「誕生」「成道《じょうどう》」「初転法輪《しょてんぼうりん》」「涅槃《ねはん》」（四大事《しだいじ》）を示す占星図である。その下には神々が雲に乗り、本尊に身体を向けて礼拝している

## 仏伝図

内陣西壁

内陣北壁

釈迦の生涯に関する数多の主題を描いている

内陣東壁
ビルマ語による墨文の説明が記されている

## 魔衆の攻撃・魔衆の敗退

内陣西壁
本尊の背後には小部屋があり、入口上方に二つの場面が描かれている。本尊に向かって左側は「魔衆の攻撃」、右側は「魔衆の敗退」という伝統的な配置である

survey 13

# Wetkyi-in Kubyauk-gyi（No. 0298）寺院

所在地：バガン考古遺跡群
（Bagan Archaeological Site）

時　代：13 世紀前期

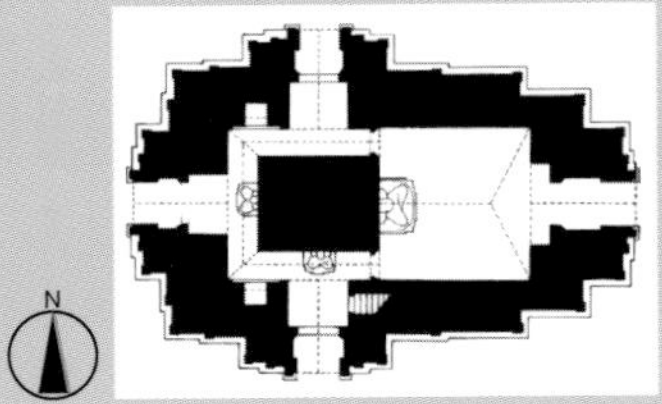


図 13　寺院平面図

▶ MAP P.51 ❽

本尊の置かれた内陣が前室を兼ねる建築構造となっている。内陣の西壁左右には細い回廊があり後方へ通じているが、寺院の中心はやはりこの内陣であり、見るべき壁画も多い。本生図は精緻に描き込まれ、図像とビルマ語による墨文の説明がかなり鮮明に残っている。パガン時代に描かれた本生図を代表するものの一つであろう。また、天井の装飾文様や蓮蕾状文様は、あたかも製図道具を用いて描かれたかのように整然とした美しさを放っている。本生図をはじめ、壁画の多くの部分がはぎ取られ、煉瓦の壁がむき出しになってしまっている。ドイツ人の冒険家トーマン（T. H. Thomann）による盗難事件（1899年）において、とりわけ被害の大きかった寺院でもある。現在も壁画の上に残る白い線は、はぎ取る際の目安として付けられたものだという。

## キンナラと供物の樹

内陣入口北壁
（左）縦長の長方形の最上部に描かれたキンナラ
（右）バガン考古支局職員によれば、ミャンマー仏教ではこうした様々な飾りを付けた樹を供物として奉納する習慣があるという。キンナラと組み合わせて壁画のモチーフとすることは他にあまり例がない。樹の下には神々の姿が断片的に残っている

## 過去二十八仏・仏伝図・本生図

細部まで描き込まれた本生図

内陣北壁
本生図の上に過去二十八仏を配し、さらに上方には蓮蕾状文様が見られる。パガン時代の典型的な配置である。過去二十八仏の背後にある「成道の樹木」は、枝葉の様子がそれぞれ描き分けられている

内陣南壁
ビルマ語の墨文による説明も鮮明に残っている

内陣南壁
本生図の左右に大きく描かれた仏伝図

## 仏足跡

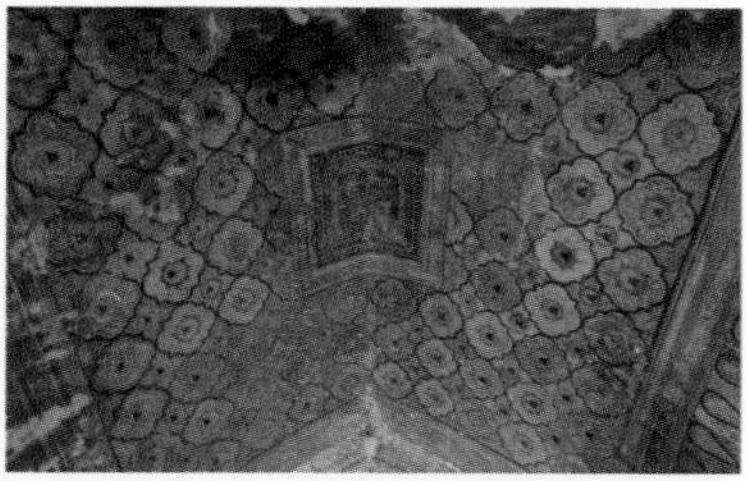

内陣天井
仏足跡の周囲には精緻な装飾文様が広がっている。連続文様の中心には、小さな仏陀坐像が表されている。Kondaw-gyi（No. 0151）寺院の内陣天井にも同様の文様が見られる

## 魔衆の攻撃・魔衆の敗退

内陣西壁
（上）本尊を挟んで「降魔成道《ごうまじょうどう》」前後の二つの場面が描かれている
（右）半円形にびっしりと描かれた魔衆

survey 14

# Thambula-hpaya (No. 0482) 寺院

所在地：バガン考古遺跡群
（Bagan Archaeological Site）

時　代：13 世紀中葉

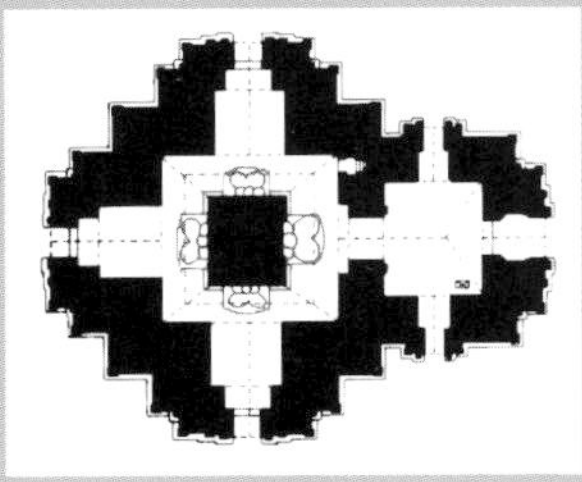


図 14　寺院平面図

▶ MAP P.51 ㉛



パガン王朝第十代国王ウザナ（Uzana、在位1250－1254年）の妃タンブーラ（Thambula）により建造されたと伝えられている。東に前室を持ち、南、西、北の三方向にも入口がある。13世紀の寺院としては比較的規模が大きいものの一つである。内陣には四体の仏像がそれぞれ四方を向いた状態で安置されている。これらの仏像は過去二十八仏のうち最後の四仏を表し、北は倶留孫《くるそん》仏（二十五番目の仏陀）、東は倶那含牟尼《くなごんむに》仏（二十六番目）、南は迦葉《かしょう》仏（二十七番目）、西は釈迦牟尼《しゃかむに》仏（二十八番目）に充てられているという。バガンの寺院の多くは東側に正面入口があり、そこから内陣回廊に進み、時計回りに堂内を巡ることになっている。仏像や壁画はこうした参拝経路も考慮の上で配置されたものと考えられる。

前室
前室より内陣の本尊を臨む

前室西壁
内陣入口の左右に描かれた菩薩形の守護神像

## 本生図・過去二十八仏

内陣回廊外周壁西側
本生図は内陣回廊と南、西、北入口にある

内陣回廊外周壁南側
過去二十八仏は内陣回廊を一周するように配されている。13 世紀に好まれたビルマ風で、顔は丸く、体躯はふっくらとしている。首は短く、三道《さんどう》が見られる

内陣回廊外周壁西側
過去二十八仏の上にはひとまわり小さい仏陀像が並ぶ。顔や体躯は比較的ほっそりとしており、生身の人間に近い。頭髪の描き方も異なる。バガン考古支局職員によれば、あえて趣向を変え 11 世紀～ 12 世紀らしく描いたものだという

## 仏伝図

北入口東壁
パガン時代には寺院の北側が「誕生」と「涅槃《ねはん》」の定位置であった。「涅槃」の左右には説法、瞑想、遊行をする仏陀がいる。複数の仏陀像を一つの場面に描く表現は他の寺院にも見られる

北入口北壁
当初の図像を塗りつぶして描かれたという中国人像

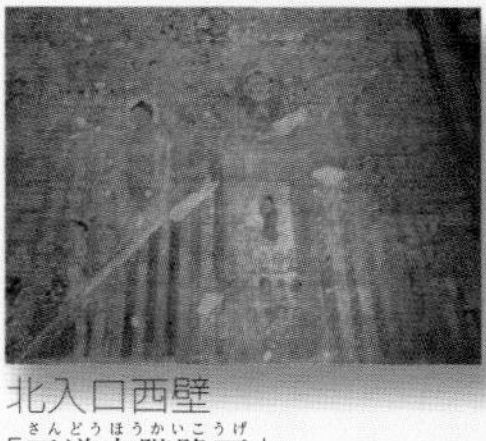

北入口西壁
「三道宝階降下《さんどうほうかいこうげ》」

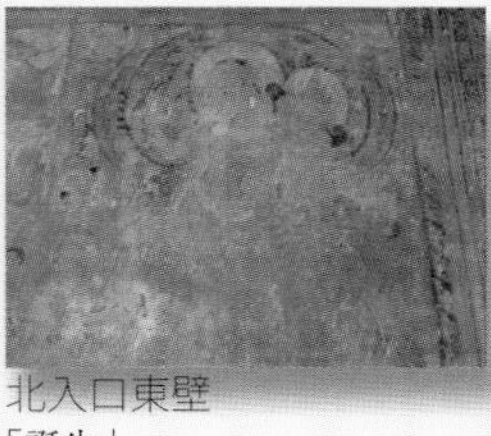

北入口東壁
「誕生」

survey 15
# Nanda-ma-nya-hpaya（No. 0577）寺院

所在地：バガン考古遺跡群
（Bagan Archaeological Site）

時　代：13世紀中葉

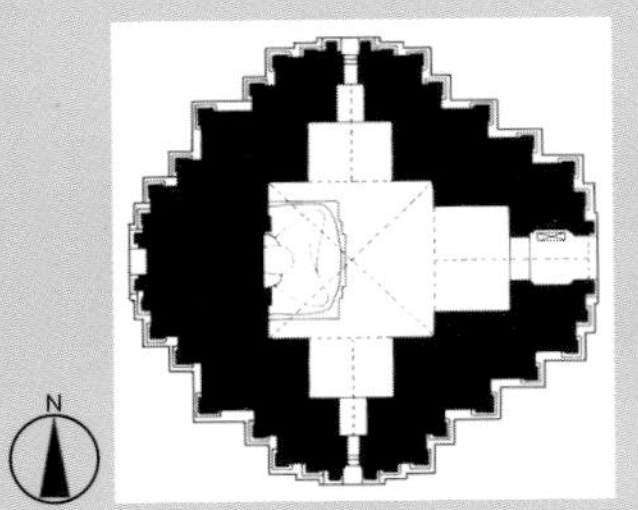

図15　寺院平面図

▶ MAP P.51 ㉜

小型の寺院だが、堂内には鮮やかな壁画がよく残っている。仏教的な主題というよりは、余白の装飾文様に徹底的にこだわり完成させた印象を与える。植物、動物、キンナラ、マカラ、ナーガなどあらゆる要素を盛り込み、複雑で繊細な装飾文様を生み出している。Thambula-hpaya（No.０４８２）寺院、Hpaya-thon-zu（No.０４７７-０４７８-０４７９）寺院とともに、エーヤーワディー川からは離れた内陸部のミンナントゥ（Minnanthu）村にある。いずれも13世紀の建立で、壁画にも類似点が指摘されている。密教、ヒンドゥー教、古代インド以来のモチーフが多く登場し、装飾文様にも粋を凝らすなど、13世紀中葉から後期にかけて流行した壁画のスタイルをよく伝えている。

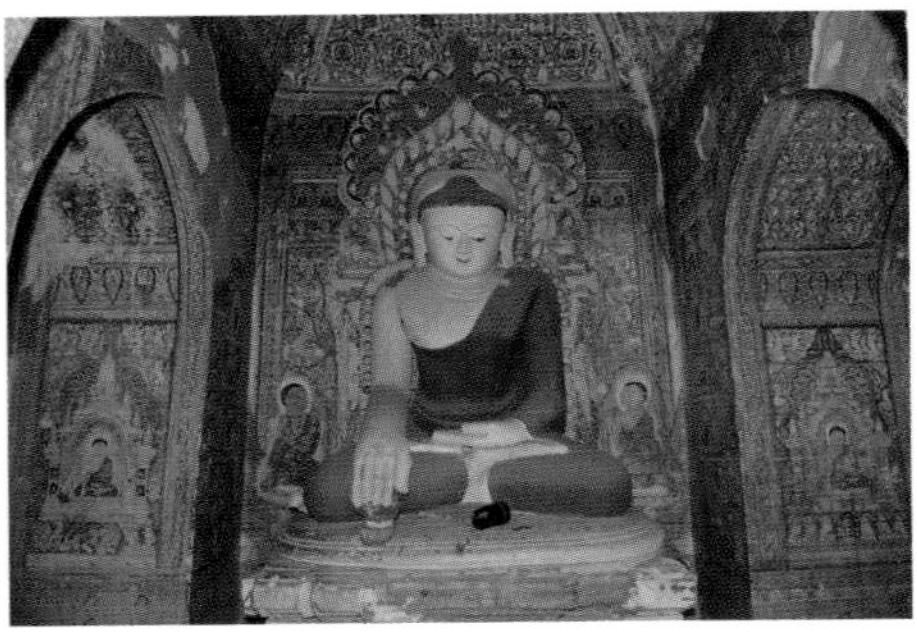
内陣
装飾文様で隙間なく覆われた堂内

内陣天井
唐草文様に織り込まれた仏陀像や神像

## 女性行列図

## 魔王マーラの娘たち

南窓西壁
これら三人の女性は魔王マーラの娘で、釈迦の成道を妨げるべく誘惑を試みる場面だと考えられている

南窓東壁
小さく描かれた半裸の女性たち

北窓北壁
「誕生」と菩薩形の守護神像

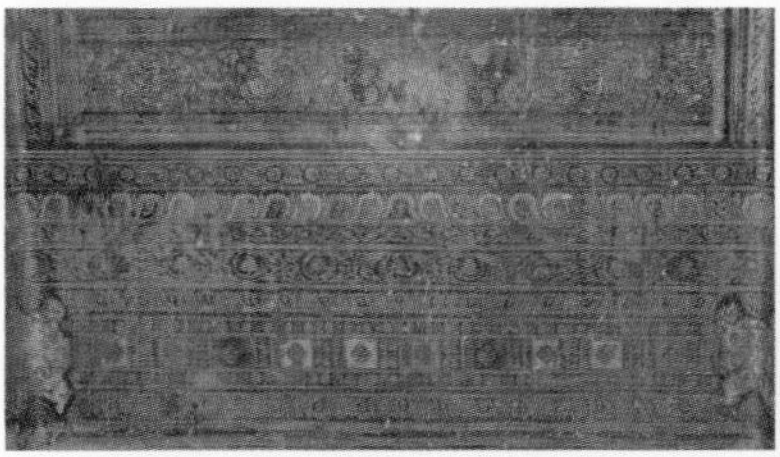

北窓北壁
窓の下方には複雑で緻密な帯状装飾が見られる

北窓天井
窓の天井には複雑な植物文様が施されている

## 装飾文様

内陣北壁
仏伝図の脇の細長い区画も様々なモチーフで装飾されている。神々が象、獅子、ハンサ、水牛、孔雀、虎などを乗りものとしている。キンナラ、ナーガ、マカラなども見られる

survey 16

# Hpaya-thon-zu (No. 0477-0478-0479) 寺院

所在地：バガン考古遺跡群
（Bagan Archaeological Site）

時　代：13 世紀後期

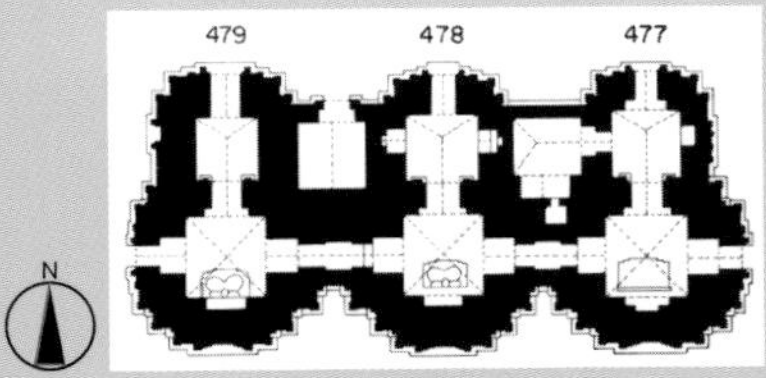


図 16　寺院平面図

▶ MAP P.51 ㉙



寺院名のHpaya-thon-zuは「三連寺院」の意味を持ち、東寺院（No.０４７７）、中央寺院（No.０４７８）、西寺院（No.０４７９）を通路で連結した建造物である。東寺院および中央寺院の内陣と前室には全体的に壁画が施されており、図像と色彩が鮮やかに残っている。西寺院は下地層しかなく、壁画は一切描かれていない。元朝中国の侵攻による影響か、あるいは財源の不足か、いずれかの理由により未完のまま残されたと考えられている。壁画には抱き合う男女の神々、六臂の神、動物に乗る神々らが登場する。キンナラとキンナリー、マカラ、ナーガは装飾文様と融合し、装飾文様として華やかな印象を与えている。これらの神々は、密教、ヒンドゥー教、古代インド以来のモチーフであると指摘されており、13世紀においても多種多様な図像が好まれていたことを物語っている。

西寺院内陣
壁画が一切描かれていない内陣

中央寺院内陣
赤を基調とした壁画

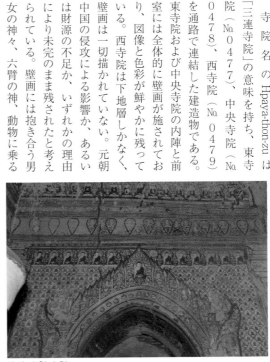

## 本生図・過去二十八仏・釈迦八相図《しゃかはっそうず》

東寺院前室東壁
東壁と西壁には本生図が描かれ、その上には過去二十八仏が並んでいる。壁龕の中と本生図の途中には釈迦八相図が配されている

東寺院前室西壁
（左）「三道宝階降下《さんどうほうかいこうげ》」
（右）「誕生」

東寺院内陣入口天井
小さな仏陀像をあしらった植物文様

東寺院内陣
千仏で覆われた内陣天井と壁面

東寺院内陣北壁
入口アーチの左右には守門神が配され、傍らに象やヴィヤーラを伴う。上方には合掌するキンナラとキンナリー、ナーガ、マカラの姿もある。彩色の上から細い黒線で細かい描写が加えられている

東寺院内陣北西角
抱き合う男神と女神の像

survey 17

# Ma-la-phyi-hpaya (No. 0664) 寺院

所在地：バガン考古遺跡群
(Bagan Archaeological Site)

時　代：13 世紀後期

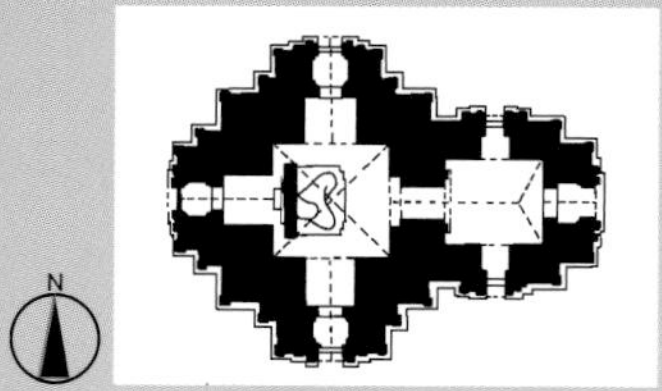


図 17　寺院平面図

▶ MAP P.51 ㉝



他の寺院に比べて壁画が多く残存しているものの、全体的に退色や摩耗が進んでいるため、色彩にも乏しくぼやけた印象を与えている。そのような中でも、本尊の脇侍として描かれた二人の弟子の像には赤褐色の衣の名残が認められ、独特の存在感を放っている。この弟子像は、壁からはがされて危うく持ち去られそうになったところを、バガン考古支局の職員に発見され救われたという経緯があるという。現在でも弟子像の周囲には不自然な囲み線が残されている。寺院の本尊台座の下には王家の財宝が隠されているという言い伝えがあり、25年ほど前に盗掘事件が起こった。このため、本尊台座前の床の一部は土がむき出しのままである。過去に多くの被害を経験した寺院だが、かつてはそれだけ贅を尽くし、人々に敬われた存在であったことをうかがわせる。

## 過去二十八仏・燃灯仏《ねんとうぶつ》授記本生図

前室北壁

最上部には二層に渡り過去二十八仏が描かれている。その下には、仏陀を前に身を横たえる人物の姿があり、「燃灯仏《ねんとうぶつ》授記本生図」の一場面と思われる。最下層には川と船も見られる

本尊
本尊の体躯はオリジナルだが、頭部は1996年以降の復元だという。ニャウンヤン時代に光背をかさ上げし、菩提樹を描き加えたという。このため内陣西側の壁画が見えにくくなっている

## 過去四仏・千仏　内陣天井

植物の葉のような形の中に過去四仏の姿が表されている。入口や通路の天井にも千仏が多く描かれている

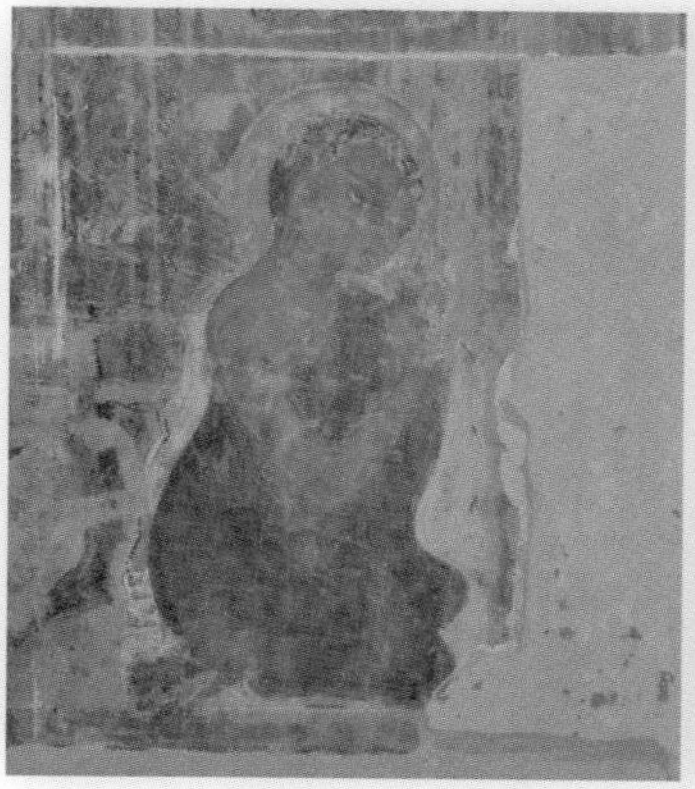

## 二大弟子

通常は本尊の左右が脇侍の定位置だが、本尊と向き合う配置は非常に珍しい。本尊から見て右前に全知全能のサーリプッタ、左前に神通力を持つモッガラーナが控えている

（左）内陣南東角
サーリプッタ
（右）内陣北東角
モッガラーナ

## 釈迦八相図・本生図

内陣東壁　「涅槃《ねはん》」
内陣入口の上方に小さく描かれている

西入口北壁　「誕生」

北入口西壁
「舎衛城《しゃえいじょう》の神変《しんぺん》」「三道宝階降下《さんどうほうかいこうげ》」

西入口北壁
釈迦八相図《しゃかはっそうず》の下にあるのは本生図であろう

## 仏伝図

北入口東壁
このように複数の仏陀像を一つの場面に描く表現はパガン時代に好まれ、類似する事例が確認されている

survey 18

# No. 1846 寺院（Hpaya-nga-zu Group）

所在地：バガン考古遺跡群
（Bagan Archaeological Site）

時　代：13 世紀

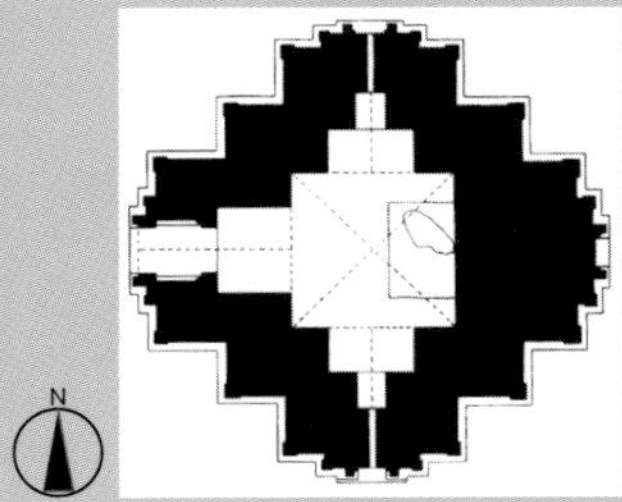


図 18　寺院平面図

▶ MAP P.51 ⑩



五基の寺院から成るHpaya-nga-zu Group寺院群に属する寺院である。これらの寺院の壁画はヒンドゥー教や密教に由来するモチーフが多く、同じく13世紀に建立されたNanda-ma-nya-hpaya（No. 0577）寺院、Hpaya-thon-zu（No. 0477-0478-0479）寺院との類似点が指摘されている。同寺院群には、ドイツ人の冒険家トーマン（T. H. Thomann）による盗難被害（1899年）を受けた寺院も含まれている。

## 仏足跡・円形文様

前室天井
中央の仏足跡は失われている

## 仏伝図

前室北壁

「初転法輪《しょてんぼうりん》」のほか、「ムチリンダ竜王の護仏」、鉢を手に持つ釈迦が確認できる。下部は直線的にはぎ取られており、盗難によって失われたと考えられる

## 千仏

内陣天井

仏陀像を表した十字型文様が目立つが、その間を埋めているのも極小の仏陀像である。こうした千仏は13世紀の流行の一つである

## 神々と装飾文様

内陣南西角

内陣の角には、踊るような姿勢のキンナラとキンナリー、身体をよじらせる女神、男女の交歓像などが描かれている

内陣南壁

様々な動物、鬼面、神々が入り乱れている

## 釈迦八相図《しゃかはっそうず》

北窓西壁　「三道宝階降下《さんどうほうかいこうげ》」

北窓東壁　「舎衛城《しゃえいじょう》の神変《しんぺん》」

内陣

全体的に壁画の損傷が大きい

survey 19

# No. 1150 寺院

所在地：バガン考古遺跡群
（Bagan Archaeological Site）

時　代：13 世紀

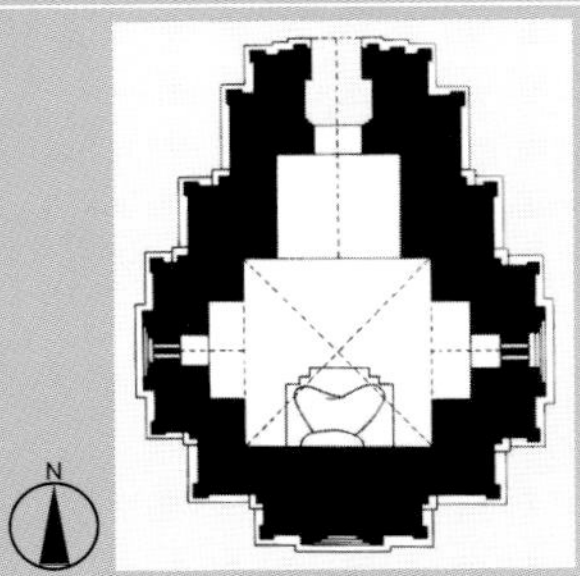


図 19　寺院平面図

▶ MAP P.51 ㉕

13世紀らしい小型の寺院である。堂内に入ると、前室からそのまま内陣へ続く構造となっている。壁画は失われている箇所も多いが、現存する部分には鮮明な図像と色彩が読み取れる。残っている壁画のほとんどは装飾文様である。内陣天井には蓮華の蕾または菩提樹の葉をかたどった装飾文様、内陣壁面には動物やキンナラ、ヴィヤーラ、ナーガを伴う神々の像、窓の周囲には雲に乗る神々と唐草文様が見られる。かつてはこうした趣向を凝らした図像が堂内をびっしりと埋め尽くしていた様子を想像させる。仏伝図を描いたものは限られているが、前室の「三道宝階降下《さんどうほうかいこうげ》」は忉利天《とうりてん》での説法とその前後の場面を一つの構図にまとめたものである。須弥山《しゅみせん》の描写などにパガン時代らしい表現が凝縮している。

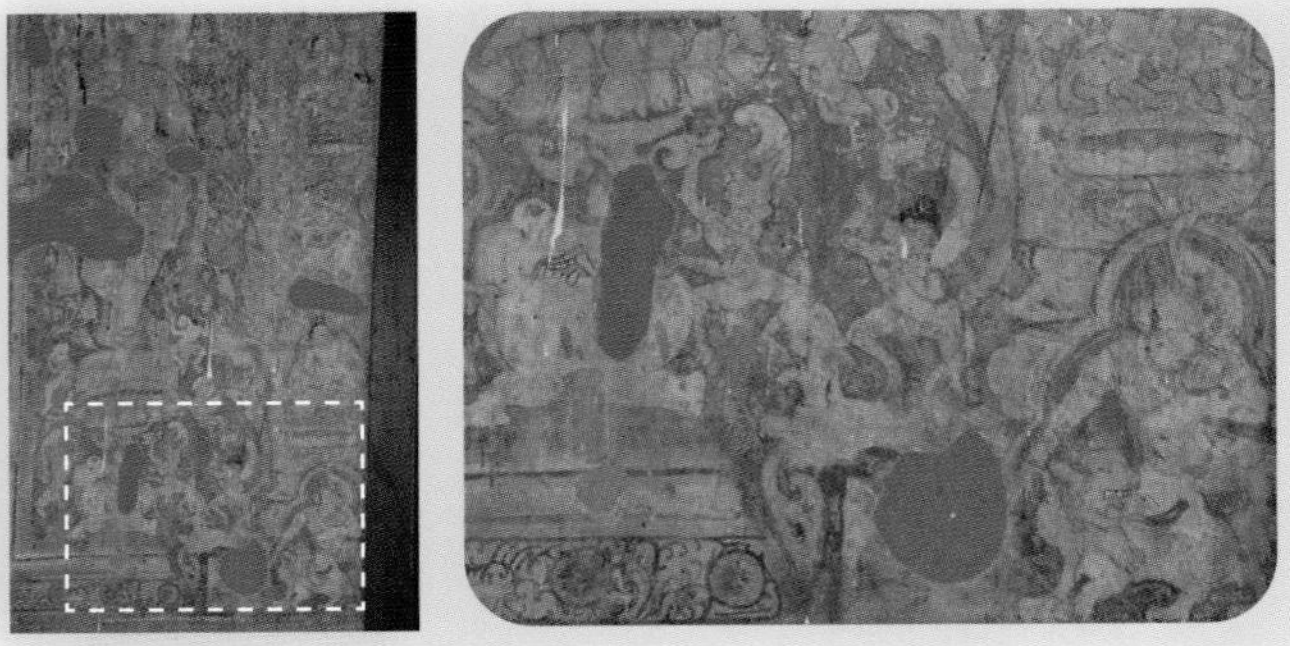

**踊るナーガ・ナーギー**
内陣東壁
（左）孔雀や獅子に乗る神々、キンナラ、ヴィヤーラ、ナーガなどが入り乱れている
（右）踊りを捧げているのはナーガ・ナーギーとされる

## 三道宝階降下

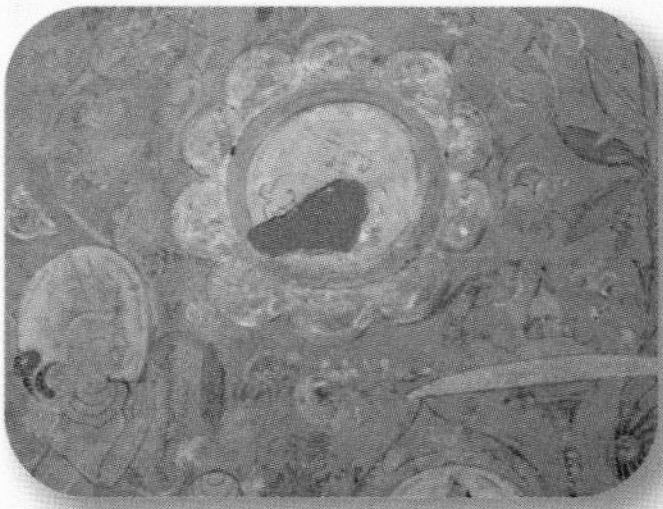

月の象徴とされるウサギ

前室西壁
右より、釈迦は須弥山上の忉利天に向かい、説法後、ブラフマー神とインドラ神を伴い地上界へ戻る。上方の二つの円形は太陽と月であり、左側には月の象徴であるウサギが見られる。太陽を表す孔雀は失われている

## 仏塔と雲に乗る神々

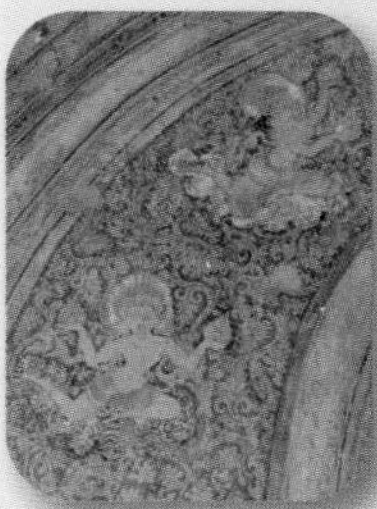

神々が乗る雲には顔のようなものが描かれている

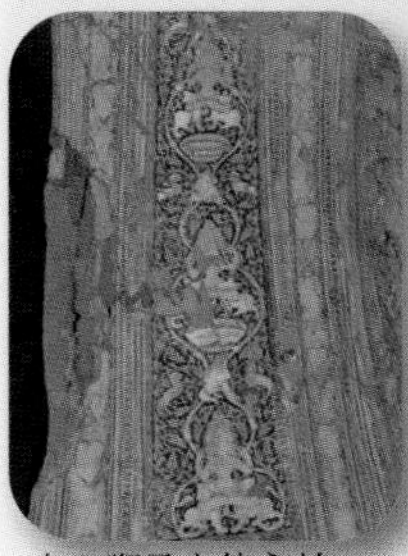

鳥や獅子を伴う神々

内陣西窓

アーチの最上部には仏塔が描かれており、神々が蓮華を手にして礼拝している。黒地に白で文様を描くスタイルは13世紀に大変流行したもので、唐草文様がびっしりと壁面を覆っている

内陣天井
蓮華の蕾形をモチーフにした装飾文様。内側に小さな仏陀坐像を表している。鮮やかな緑色はパガン時代のものではなく、後世の修理時に加えられたものである

survey 20
# No. 1170 寺院

所在地：バガン考古遺跡群
（Bagan Archaeological Site）

時　代：13世紀

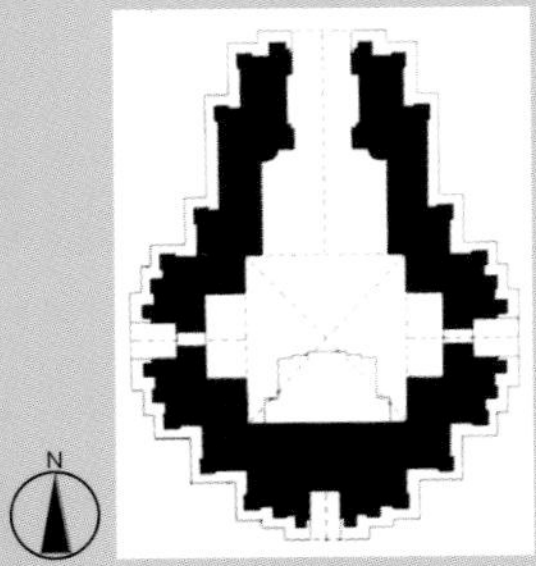


図20　寺院平面図

▶ MAP P.51 ㉓

前室の壁画は白黒でまとめられているのに対し、内陣は鮮やかな赤と黄を基調としており、色彩のコントラストが印象的である。寺院の規模に合わせて、過去二十八仏、本生図、千仏など、壁画のモチーフも非常に小さい。東西の窓を守るキンナラとキンナリー、内陣の西壁に描かれた「魔衆の敗退」にも注目したい。

**本生図**

前室西壁　5㎝四方のごく小さい区画に描かれた本生図

**「魔衆の敗退」**

内陣西壁
窓のアーチを取り囲むように魔衆が描かれている。本尊の方向を振り返る様子から、敗退の場面と考えられる。魔衆がうごめくような表現は13世紀に多く見られる

**キンナラとキンナリー**

内陣西壁
合掌し微笑む半人半鳥の神像

survey 21

# No. 0480 寺院

所在地：バガン考古遺跡群
（Bagan Archaeological Site）
時　代：13 世紀

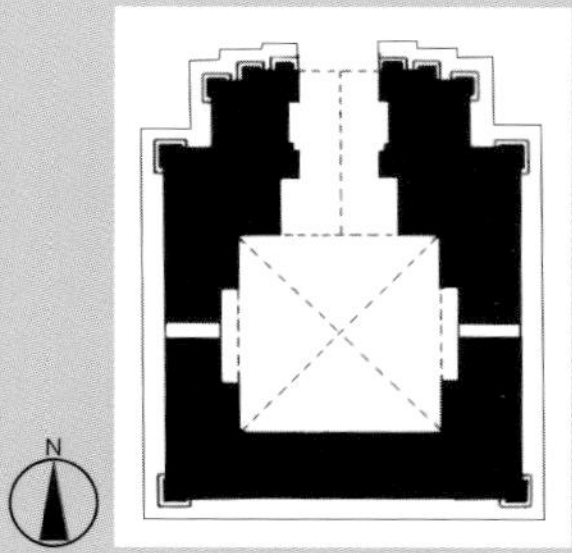


図 21　寺院平面図

▶ MAP P.51 ㉚

## 本尊・キンナラとキンナリー

内陣南壁　全体的に丸みを帯びた体躯の本尊

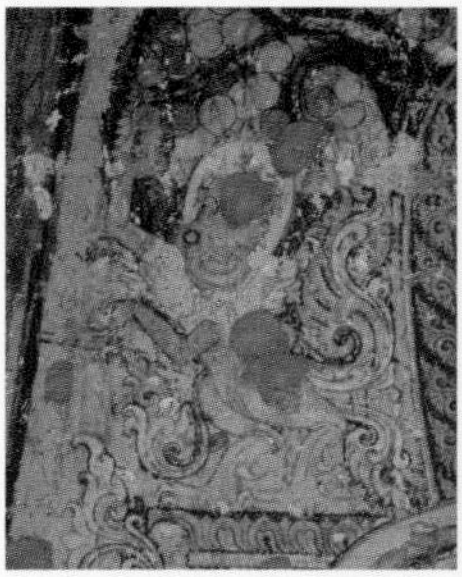

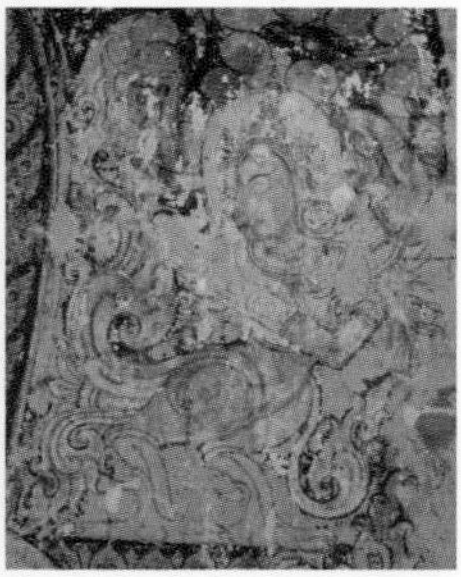

内陣南壁
キンナラとキンナリーは音楽と舞踊を司る神。尾羽が唐草のように装飾的に描かれている。本尊から見て左側はキンナラ、右側はキンナリーであろう

この寺院には、当初は立体的な仏像はなく、内陣の南壁に大きく描かれた仏陀坐像を本尊としていた。仏陀像の頭光両脇にはキンナラとキンナリーが躍るようなポーズで控えており、その優美な姿態や装飾的な尾羽が特徴的である。堂内を彩る装飾文様は全体的に白と黒でまとめられており、13世紀の好みを反映している。

## 千仏

内陣天井
説法印を結ぶ千仏。緑の彩色は後世の補彩である

survey 22
# No. 0660 寺院（Winido Group）

所在地：バガン考古遺跡群
（Bagan Archaeological Site）

時　代：13 世紀

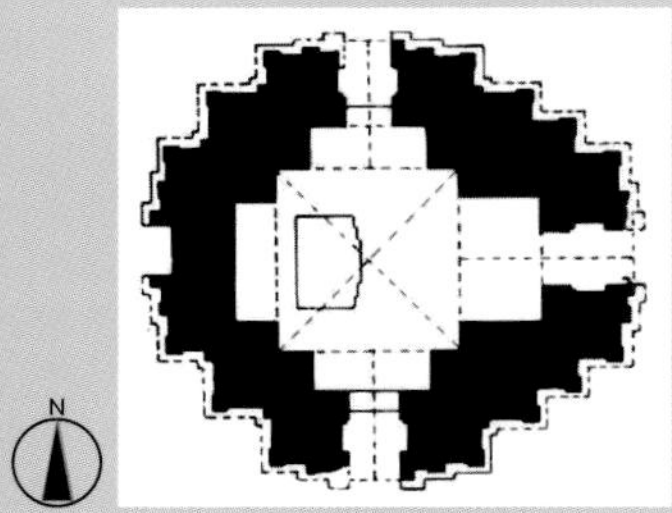


図 22　寺院平面図

▶ MAP P.51 ㉞



内陣全体が千仏で埋め尽くされている。高さわずか4センチほどの仏陀像によって、円形、三角形、十字型などの幾何学文様を生み出している。前室には13世紀らしい本生図が見られるが、北壁は黒色化してしまっている。かつてこの寺院は避難所として使用されていたために、煮炊きなどの煤煙で変色したのである。バガン考古支局はこうした事実を伝えるため、敢えて一部を修復せずにそのまま残しているという。

## 千仏による須弥山《しゅみせん》

内陣天井
内陣は極小の仏陀像によってびっしりと覆われており、天井も例外ではない。中央の蓮華文に向かって垂直の帯が何本も見られるのは、須弥山と七金山《しちこんせん》を千仏で表現したものとされる

北入口天井
放射状に千仏を配した円形文様

西壁龕北壁
千仏はいずれも説法印を結んでいる

**本生図**　前室北壁
生活の痕跡を留める黒い本生図

survey 23

# No. 1148 寺院

所在地：バガン考古遺跡群
（Bagan Archaeological Site）
時　代：13 世紀

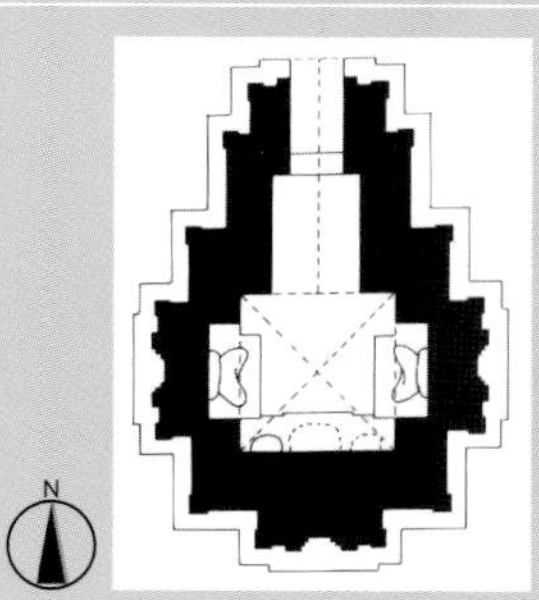


図 23　寺院平面図

▶ MAP P.51 ㉔

堂内に三人も入ると身動きが取れなくなってしまうほどの小さな寺院である。隣接するNo.1149寺院は外観も壁画もよく似ており、二つの寺院は対として建造されたものであろう。見どころは前室天井の仏足跡であり、限られた画面に実に多彩なモチーフが盛り込まれている。白黒でまとめられた入口とは対照的に内陣は鮮やかな赤を基調としている。

**仏足跡**

前室天井
中央の仏足跡を四仏塔、水瓶、千仏、聖域を示す旗が取り囲む。さらに外側には、踊りや音楽を捧げる人々、動物、獅子やハンサに乗る人物像が見られる

獅子やハンサに乗る人物像

本生図に由来する動物

内陣西壁
壁龕上部には小さな説法印仏陀坐像が見られる

survey 24

# Pe-nan-tha-gu（No. 1481）寺院（Pe-nan-tha Group）

所在地：バガン考古遺跡群（Bagan Archaeological Site）

時　代：13 世紀

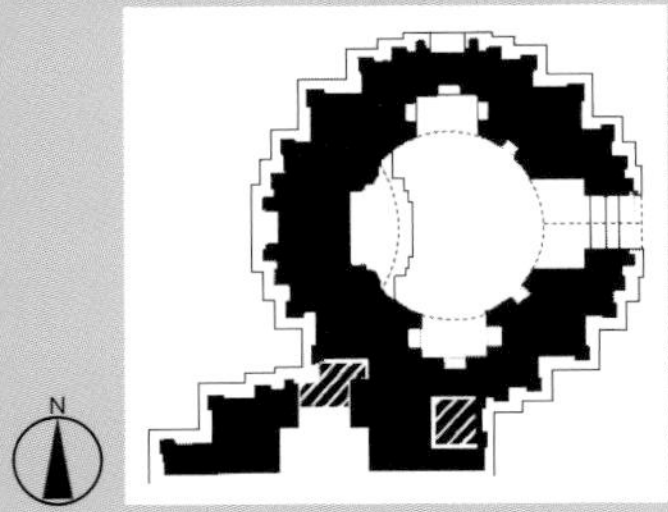


図 25　寺院平面図

▶ MAP P.51 ⑯

Pe-nan-tha Group 寺院群に属する五つの小寺院（No.1481〜No.1485寺院）は基壇を共有して建てられている。Pe-nan-tha-gu（No.1481）寺院はパガン時代としては珍しい円形の内陣を持つ。小規模の寺院ではあるが、堂内の壁画はパガン時代らしいモチーフに満ちあふれている。釈迦《しゃか》八相図《はっそうず》、四仏塔、仏足跡など釈迦に関わる図像も取り入れられてはいるものの、むしろ鬼神やキンナラ、マカラなどのモチーフや、背景をびっしりと埋め尽くす植物文様の存在感が勝っているように見える。当時の寄進者にとって、堂内を余すことなく装飾することは、信仰心とともに権力や財力を示すことでもあった。当時の壁画の制作技術が、そうした需要に十分に応えていたことを示す好例と言えるだろう。

**仏足跡** 入口天井

仏足跡を取り囲んでいるのは吉祥文様の水瓶、千仏、旗である。この旗には聖域を示す意味がある

**過去四仏とブラフマー神** 内陣天井

内陣天井は帯状装飾で四分割され、それぞれの区画中央に仏陀像を配する。過去四仏は周囲に三面のブラフマー神を伴う

## 千仏・柱状装飾

内陣南東壁面

内陣南東壁面

内陣南西壁面

（左）内陣の壁面は千仏で覆われている。堂内の対角線上に柱状装飾が施されており、鬼神やキンナラなどが繰り返し描かれている
（中央）鬼神の上に乗るキンナラ
（右）大きな水瓶の上に三頭の白象、その上には鬼神が乗っている。「Ayeyar（大きな象）」と呼ばれる白象は壁画にもたびたび登場する。白象の上に乗るのは鬼神か獅子であることが多い

## 四仏塔

南壁龕西壁
頭上に竜蓋《りゅうがい》のある礼拝者を左右に配した「ナーガ国の仏塔」

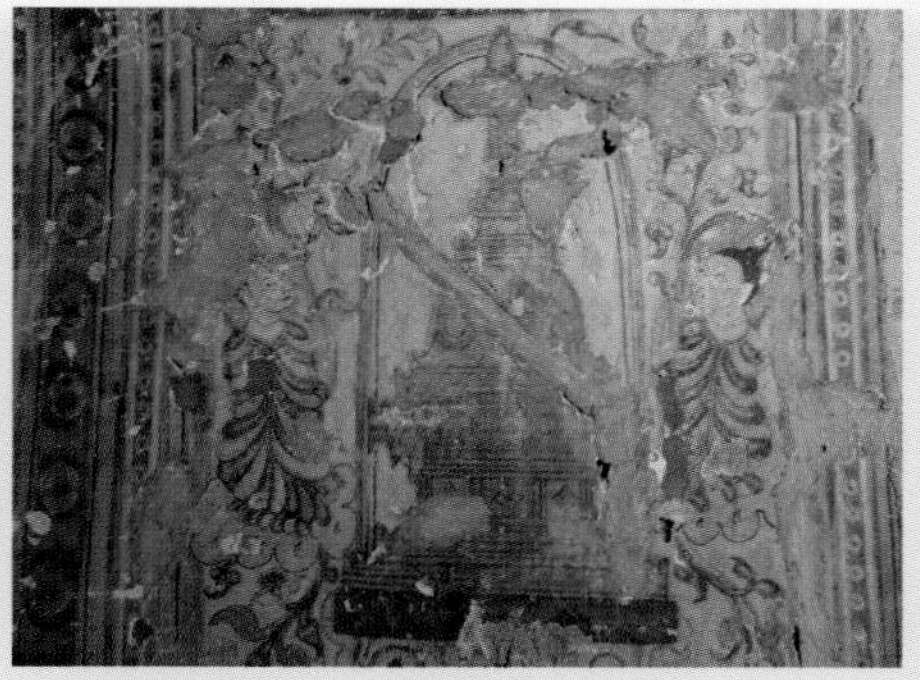
北壁龕東壁
中国的な風貌の礼拝者が控える「中国の仏塔」

## 釈迦八相図

北壁龕東壁
内陣の小さな仏龕に描かれた「初転法輪《しょてんぽうりん》」

内陣天井
両腕で龍を抱えた鬼神に乗る神々とキンナラ

survey 25

# No. 0684 寺院（Hsin-byu-shin Monastic Complex）

所在地：バガン考古遺跡群
（Bagan Archaeological Site）

時　代：14 世紀

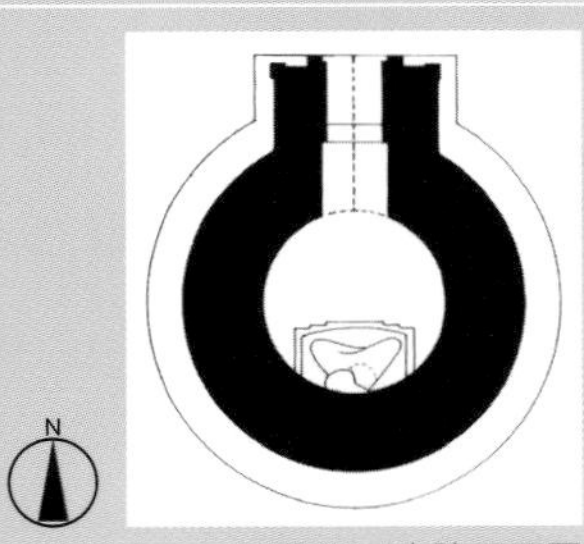


図 25　寺院平面図

▶ MAP P.51 ㉘

仏教の複合建築群としてはバガン考古遺跡群最大の規模を誇る。Hsin-byu-shinは「白象」を意味し、「偉人」や「幸福」を表す言葉だという。二重の外壁によって区分けされており、内側の区画には寺院、戒壇（比丘《びく》になるための儀式を行う場）、説法の場、貯水池などが整備され、外側の区画には比丘の生活の場として数多の僧坊が建造された。当時の僧房は大半が木造であり、このように煉瓦造のものが現存する例は非常に限られている。境内のNo.０６８４寺院にはインワ時代の壁画が残されており、ミャンマーにおける仏教壁画の「空白時代」の貴重な事例である。パガン王朝の終焉後もこうした大型の仏教施設が造られたことは、パガンが変わりなく仏教の中心地として信仰を集めていたことの証と言えるだろう。

境内に整備された巨大な貯水池跡

数多く残されている煉瓦造の僧房跡

## 蓮華文・装飾文様

内陣天井

内陣天井は蓮華文を中心として四分割されており、仏陀像や唐草文様が描き込まれている。パガン時代の様式を継承しつつも、バガン考古支局職員によれば、鮮やかな色使いには新たな時代への希望と願いが込められている

パガン時代風の精緻で複雑な装飾文様

ドーム天井に沿って過去二十八仏が並んでいる

## 折衷様式

壁面西側

内陣天井はパガン時代らしさを留めているが、壁面は横長の画面に区切られ、物語の場面が連続して描かれている。すでにパガン時代とは異なる新しい表現が生まれつつあったことを示している

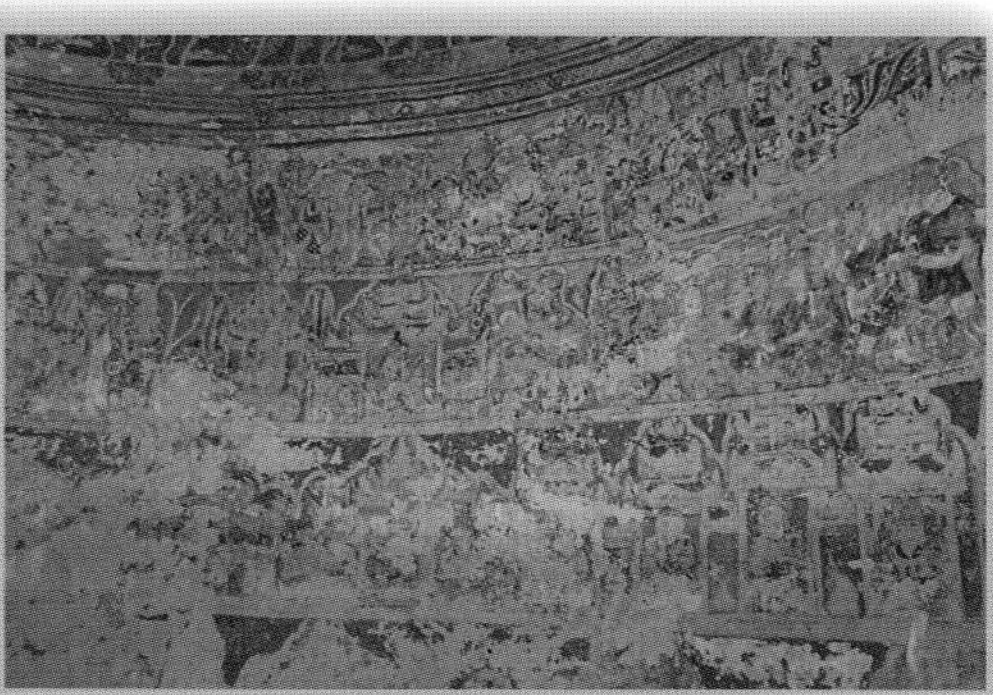

壁面西側

絵巻物のように描かれた仏伝図または本生図

## 須弥山《しゅみせん》

入口上部

装飾的に描かれた須弥山

survey 26

# Mya-daung-ok-kyaung（No. 0225）僧院

所在地：バガン考古遺跡群
（Bagan Archaeological Site）

時　代：15 世紀

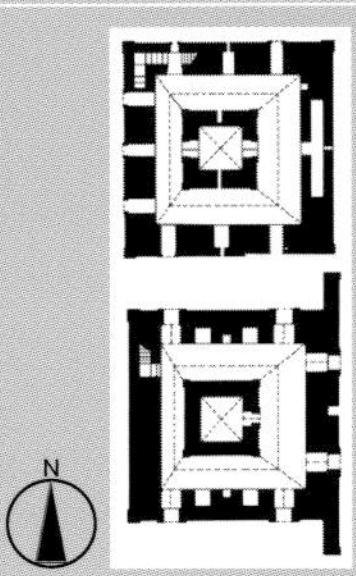


図 26　僧院平面図

▶ MAP P.51 ❺

二階建ての僧院で、一階と二階の構造はほぼ同じである。建物の中央に内室（僧房）があり、その四方を回廊が取り囲む構造となっている。一階の内室、回廊ともに壁画はほとんど残っていない。建物の北西角に設けられた細い階段で二階に上がることができる。現在、壁画が確認できるのは二階の内室と東側回廊の一部のみである。内室には鮮やかな赤と緑が多用されており、パガン時代の壁画とは異なる印象を与える。また、仏伝図を絵巻物のように描くスタイルは時代を先取りしたかのようでもある。一方、釈迦を礼拝する神々や供養者たちが隙間なくひしめいている様子は、どちらかと言えばパガン時代によく見られた表現と言える。「空白時代」のミャンマー仏教壁画を伝える貴重な例である。

## 装飾文様

二階東回廊天井
パガン時代風の唐草文様と蓮蕾状文様

## 仏陀像と礼拝する神々

二階内室東壁
東入口の上部には脇侍を伴う仏陀像が見られる。周囲には数多の神々が舞い、仏陀に礼拝している。全体的に図像はあまり鮮明ではない

## 仏伝図

二階内室南壁

大型の仏陀像が特徴的な仏伝図である。下段には「剃髪」があり、上段には説法印を結ぶ仏陀（成道後であることを示す）が見られることから、物語が下から上へ進む配置になっていると考えられる

二階内室南壁

（上）「剃髪」（下）「スジャータの乳粥供養」

## 礼拝する神々と供養者たち

二階内室西壁

合掌礼拝する神々

二階内室北壁

供養者たちの後方には兵士も控えている

## 本生図

二階東回廊西壁

パガン時代より継承された「一図一景」式の本生図。かつては回廊全体に描かれていたと思われる。ビルマ語による墨文の説明が記されているが、白地に黒文字、黒地に白文字を並べたものは非常に珍しい

survey 27
# Thami-hwet-umin（No. 0172）窟院

所在地：バガン考古遺跡群
（Bagan Archaeological Site）

時　代：15 ～ 16 世紀

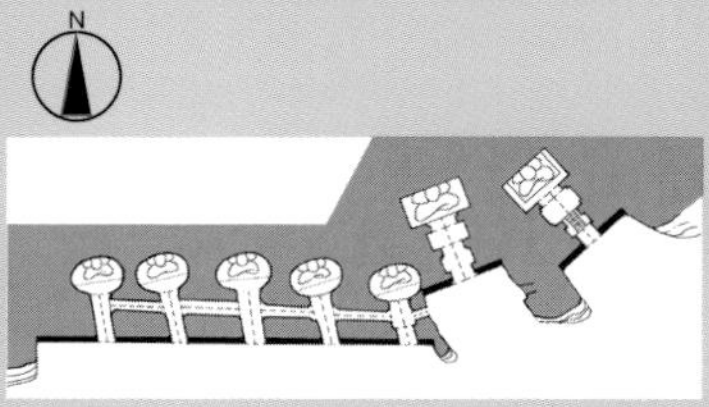


図 27　窟院平面図

▶ MAP P.51 ❷



史実として確認されている歴史とは別に、パガン王国の伝説によれば、建国から滅亡までに五十五代の国王が存在したとされている。伝説上の第三代国王 Pyu Saw Htiは、娘である王女を守るため洞窟に隠したという。その洞窟はのちに「Thami-hwet-umin」、すなわち「娘が隠れる洞窟」という名で呼ばれることになったのである。

窟院は砂岩の洞窟に手を加えて建造された。壁面は砂岩の上に泥下地を塗布し、さらに薄い石灰下地を重ねて仕上げられている。インワ時代の比丘《びく》シュエ・ウー・ミン（Shwe Oo Min）はパガンで多くの寺院の修理に携わった。寺院内壁の修理に際し、煉瓦粉を混ぜた赤みの強い泥下地を使用していたことが知られている。現在、窟院の壁面は全体的に損傷してしまっているが、剥落した箇所からはこの赤い下地を確認することができる。

壁面の石灰下地と泥下地
白い石灰下地の下にのぞく赤い泥下地

窟院南側外観

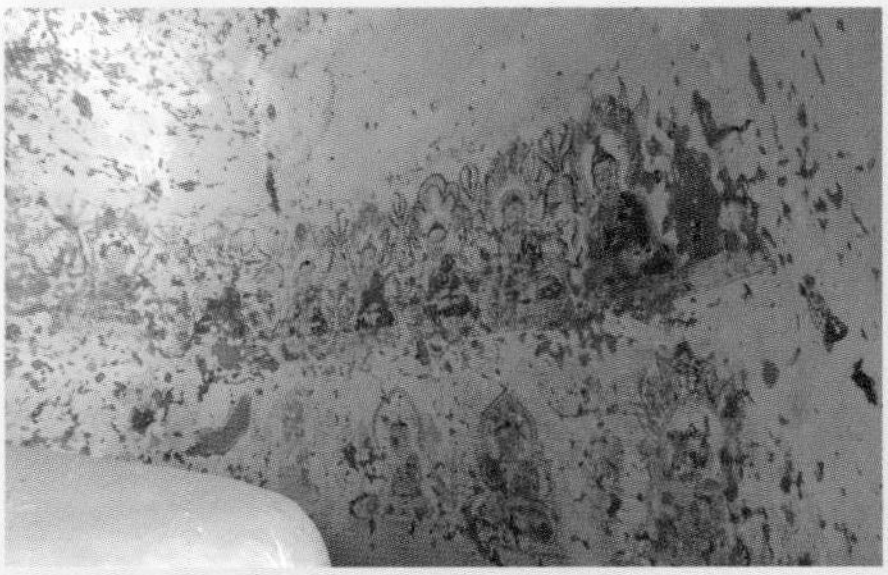

楕円形の祠堂壁面
仏像の後方には一層または二層に渡り仏陀坐像が描かれている。その数は定まっておらず、必ずしも過去二十八仏を表したものではないようである

連結通路
祠堂をつなぐ通路。部分的に煉瓦を補って造られている。通路には壁画は確認できないが、祠堂と同様に赤い泥下地と白い石灰下地によって仕上げられている

楕円形の祠堂
窟院には楕円形の祠堂が五箇所あり、通路でつながれている。長方形の祠堂も二箇所隣接しているが、崩落の危険があるため現在は立入りができない。仏像、祠堂ともに洞窟の砂岩から彫り出されたものである

楕円形の祠堂壁面
パガン時代のように白、黒、黄、赤という限られた色彩で描かれている

survey 28

# Hman-si-hpaya（No. 0889）寺院

所在地：バガン考古遺跡群
（Bagan Archaeological Site）

時　代：17 世紀

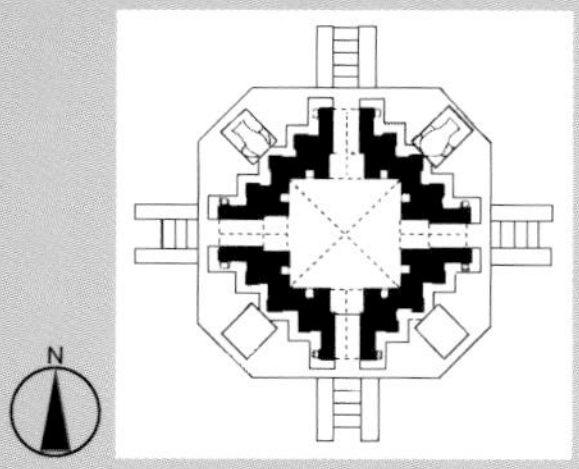


図 28　寺院平面図

▶ MAP P.51 ㉗



エーヤーワディー川流域からは離れた内陸部にある小寺院である。多くの参拝者で賑わうDhamma-yazika（№０９４７）仏塔からは比較的近い地区にあるが、畑の中をしばらく歩いていかなければならない。周辺には小規模な寺院や木々が点在するだけで、非常に静かな場所である。寺院の四方に入口があるが、現在は東入口を除いて出入りができないようになっている。前室はなく、入口は直接内陣につながっている。堂内に本尊を祀る壇などは見られない。壁画は全体的に退色が進んでおり、中間色で描かれたような印象を与えているが、完成当時は赤と緑を基調とした鮮やかな色彩であったと想像される。寺院内を一周するように展開する仏伝図や、壁面の最下層に描かれた地獄の光景などが見どころである。

**蓮華文・七宝繋文様**　内陣天井

天井の中央には大きな蓮華文があり、周囲には植物をあしらった七宝繋文様が描かれている。ニャウンヤン時代以降になると、より大きく華やかな蓮華文が主流となる

寺院周辺の風景

**過去二十八仏**　内陣南壁
壁面最上層に並ぶ過去二十八仏

## 仏伝図

物語は西入口の右側から始まり、時計回りに堂内を一周して再び西入口の左側に到達する。「出家踰城《ゆじょう》」から「初転《しょてん》法輪《ぼうりん》」までの場面が表現され、ビルマ語による墨文の説明が記されている

東壁南側
「草刈り人の布施」「魔衆の攻撃」「降魔成道《ごうまじょうどう》」

西壁北側「出家踰城」

北壁西側「剃髪」

南壁東側「成道後七週間の瞑想」

「成道後七週間の瞑想」はニャウンヤン時代以降に描かれることが多い主題である。「ムチリンダ竜王の護仏」は非常に好まれた図像で、単独でも壁画や仏像の表現に取り入れられている

南壁西側「ムチリンダ竜王の護仏」

## 地獄

（上）南壁東側（下）南壁西側
獄卒が亡者にあらゆる責め苦を与える

## 入口の守護神像

（左）南入口東側　（右）南入口西側
傘蓋《さんがい》または払子《ほっす》と法螺貝を持物としている

survey 29

# Pitakat-hpaya (No. 1969) 経庫

所在地：バガン考古遺跡群
（Bagan Archaeological Site）

時　代：18 世紀

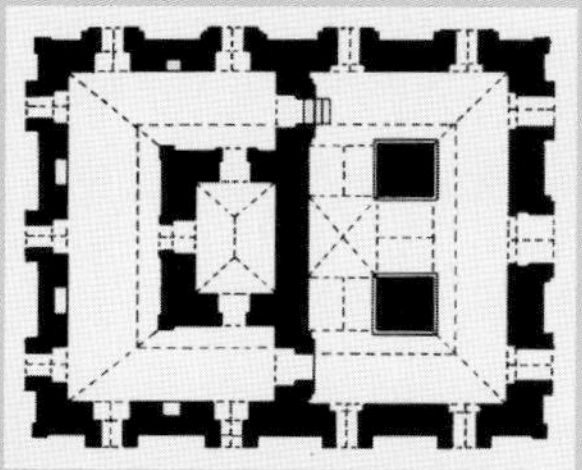

図 29　経庫平面図

▶ MAP P.51 ⑬



バガン旧市街城壁のタラバー門にも近いタウンビー（Taungbi）村の南西にある。東側に三箇所の入口を持つ。中に入ると、長方形の空間をアーチ状の柱が支える構造となっている。柱には建立に関する墨文の記録が残されており、「煉瓦が30万個使用された」こと、「1706年に完成した」ことが読み取れるという。壁画は剥落している箇所も多いが、赤と緑を基調とした鮮やかな色彩がよく残っている。地色に赤を用いるのはニャウンヤン時代らしい特徴の一つである。壁面は複数の層に分けられ、人物、動物、建物などが細かく描き込まれている。パガン時代に比べて、人物たちの顔は丸みを帯び、頭部が身体に比して大きくなっている。また、衣装や髪形は当時の服飾文化を反映している。それぞれ色や柄の異なる衣装も注目に値する。

**仏足跡**

中央通路アーチ

パガン時代と同様に両足を表現している

**礼拝する神々**

中央通路アーチ北壁

神々は本尊の方を向いて礼拝している

**仏伝図**　中央通路アーチ南壁

釈迦の神通力を伝える「八つの調伏」が描かれている。悪人や獣が改悛し仏教に帰依する話が多い。「降魔成道《ごうまじょうどう》」や「酔象調伏《すいぞうちょうぶく》」も含まれている

**魔衆の攻撃・魔衆の敗退**

（上）西壁南側　（下）西壁北側

本尊の左右に前後する二つの場面が描かれている。魔衆は象や牛など動物の頭と人間の身体を持ち、刀剣や盾などの武器を手にしている。また、衣装は当世風の様々な色や模様で彩られている

**本尊と脇侍**　西壁中央

堂内に仏像はなく、壁画による仏陀坐像を本尊としている。脇侍に二大弟子と神々が控える。傘蓋《さんがい》を掲げる左側の神はブラフマー神、払子《ほっす》と法螺貝を手にする右側の神はインドラ神であろう

**本生図**

西通路東壁南側
「マハージャナカ本生図」

南通路北壁
「ヴェッサンタラ本生図」

ニャウンヤン時代以降に見られる本生図は、ほとんどがマハーニパータ・ジャータカからのものである。物語は左から右へ、下の層から上の層へと読み進めるのが基本である

**建立の記録**　東通路西壁

柱の一部に墨文の記録が残されている

survey 30
# Hti-taw-kyauk-sa-gu（No. 0022）寺院

所在地：バガン考古遺跡群
（Bagan Archaeological Site）

時　代：18世紀後半

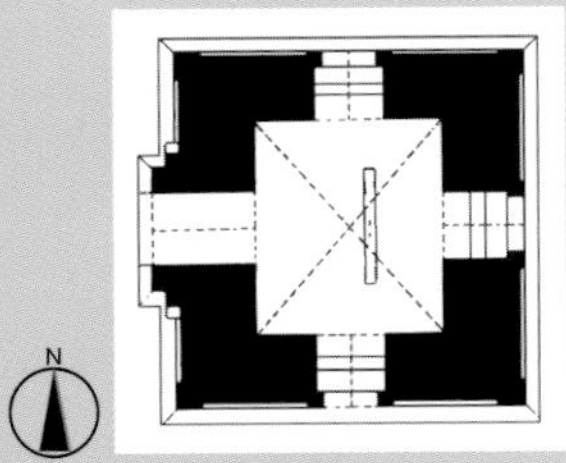

図30　寺院平面図

▶ MAP P.51 ❹



バガンで最も重要な仏教建築の一つであるShwe-zigon（No.0001）仏塔は広い境内を持ち、数多くの建造物が立ち並んでいる。他の華やかな建物が目立つこともあり、見過ごしてしまいがちな小ぶりの寺院である。堂内に仏像はなく、大きな石碑が安置されている。コンバウン王朝第三代国王シンビューシン（Hsinbyushin、在位1763-1776年）が1768年に寄進を行ったことが古ビルマ語で記されている。つまり、この寺院は石碑を納めるために建てられたのである。パガン王朝の滅亡後、統治者となった各王朝はエーヤーワディー川上流に王都を定めたが、バガンを聖地として変わらず信仰の対象としていたことを示している。壁画は仏伝図や本生図ではなく、四仏塔を主題としているる。Shwe-zigon仏塔への寄進という国王の偉業にふさわしい題材として選ばれたものであろう。

**石碑**　高さは2mほどあり文字がびっしりと刻まれている

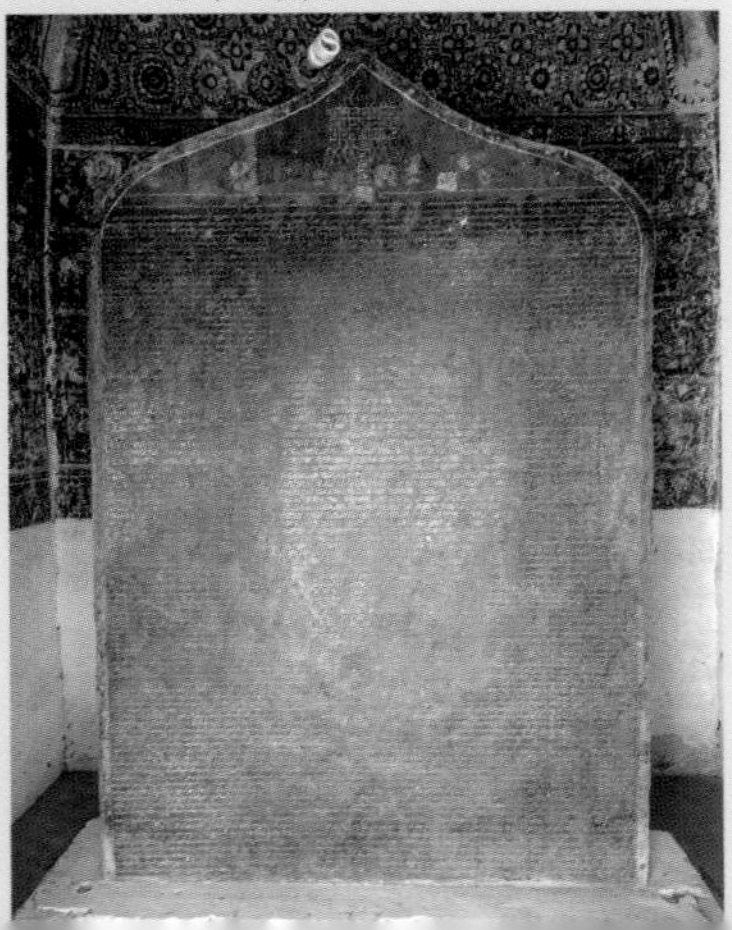

**Shwe-zigon仏塔境内**
様式や素材の異なる建造物が立ち並ぶ

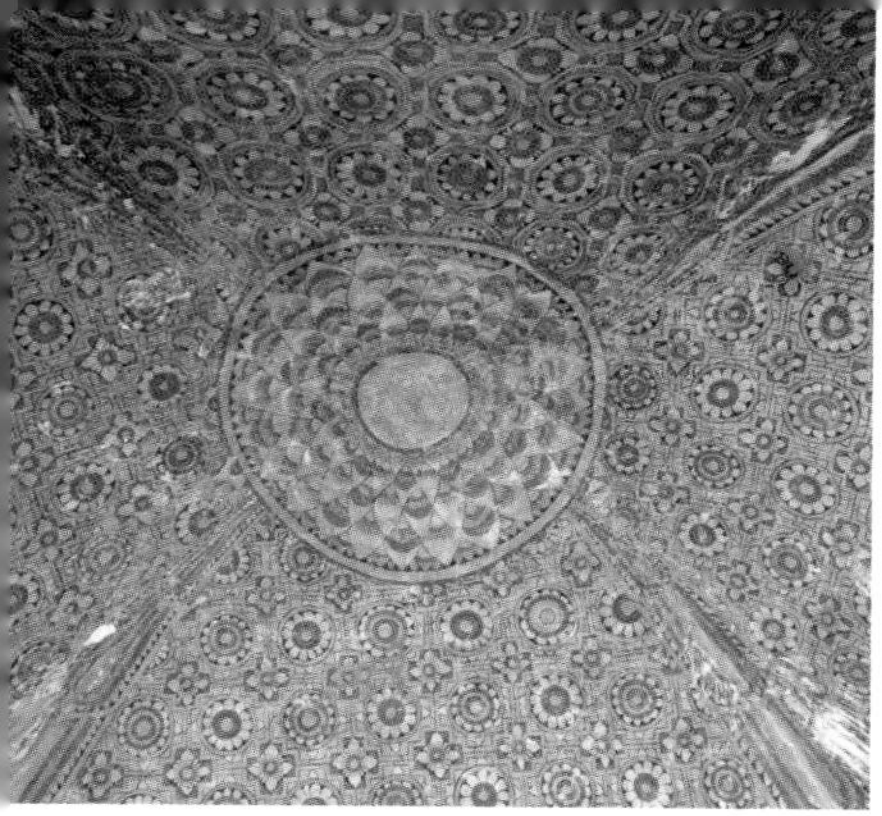

**蓮華文と装飾文様**　天井
比較的保存状態が良い天井の装飾文様

## 過去二十八仏・四仏塔

壁面は四層に分けられている。最上層には過去二十八仏、二層目には仏舎利を納めた四仏塔が描かれ、四方の壁面に一つずつ仏塔を配している。三層目と四層目には神々や王族を描いている

南壁
異国的な特徴がない神国の礼拝者

北壁
左右に脇侍を伴う過去二十八仏

東壁
独特の帽子をかぶった中国の礼拝者

南壁

西壁
黒い肌と個性的な風貌のセイロン国の礼拝者

北壁
四仏塔のいずれかは仏塔の左右にいる人物から判別できる。あまり判然としないが、ナーガ国の礼拝者の宝冠には竜蓋《りゅうがい》が見える

survey 31

# Ananda-ok-kyaung（No. 2162）僧院

所在地：バガン考古遺跡群
（Bagan Archaeological Site）

時　代：18 世紀後期

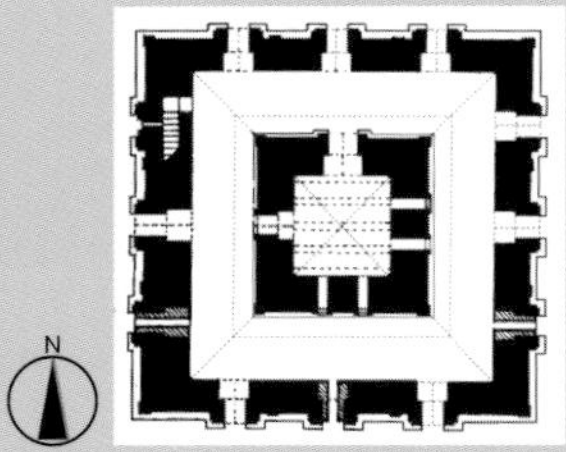


図 31　僧院平面図

▶ MAP P.51 ⓮



比丘《びく》が瞑想を行うための内室（僧房）が中央に設けられ、回廊に囲まれている。内室には建立に関する墨文の記録が次のように残されている。「１７７５年に着工、１７８５年に竣工。煉瓦の使用数は総計45万個、総費用３１５０チャット。ここに初めて居を定めた比丘の名はShin Thu Da Ma Lin Ka Yaである。」

　コンバウン時代の代表的な壁画の一つで、全体的に保存状態も良く、色彩の鮮やかさとモチーフの豊かさが圧倒的な存在感を放っている。回廊に描かれているのは本生図であるが、マハーニパータ・ジャータカのみに焦点を当てたものではなく、他の説話からも様々な要素が取り入れられているという。宮殿の建築や宮廷生活、民衆の仕事や祭事はコンバウン時代の生活文化を伝えている。すでに西洋諸国から導入されていた鉄砲を担っている兵士もおり、当時の歴史的背景を物語っている。

### 建立の記録

内室南壁

小さな区画に墨文の記録が残されている

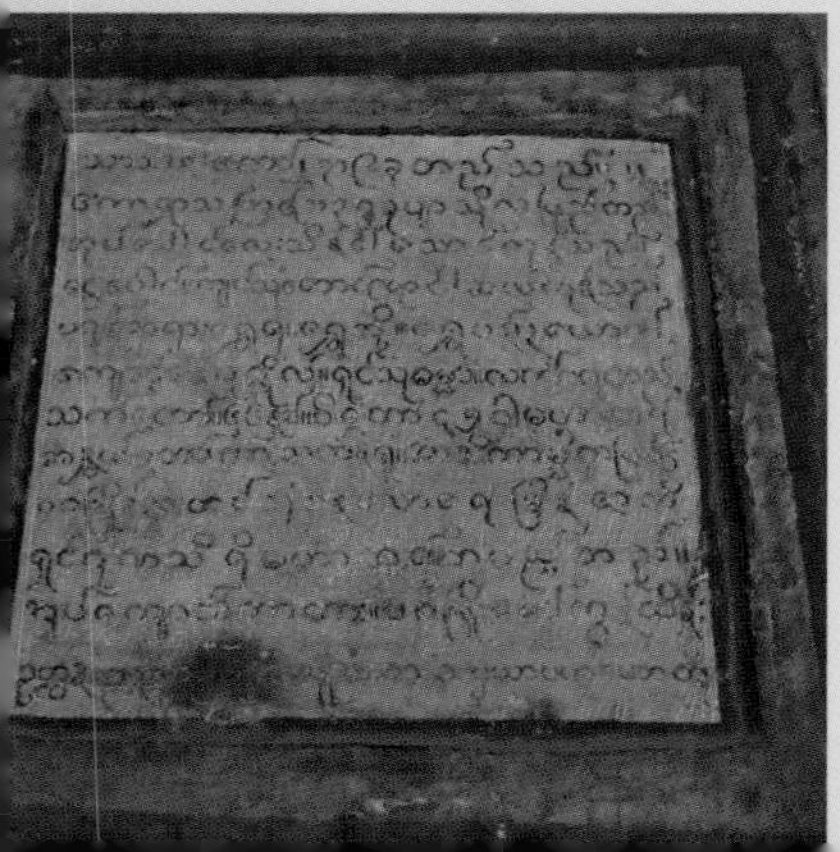

### 須弥山《しゅみせん》

内室南壁

須弥山の中腹には太陽の象徴である孔雀と月の象徴であるウサギが見られる。須弥山が太陽や月よりも高い次元に存在する神々の世界であることを示している

## 裸体の女性たち

内室東壁

裸体を露わにした女性たちの姿が描かれたのは、比丘の心が惑わされないよう戒めとしての意味があるという。こうしたなまめかしいモチーフはパガン時代には見られなかったものである

## 内室の神々

内室西壁

音楽と舞踊を司るキンナラとキンナリー

内室北壁

コンバウン時代以降に好まれたガルダ

回廊天井

蓮弁に囲まれた神々が回廊天井を彩る

## 本生図　回廊外周壁

祭りの様子を描いた場面。画面左下に見られる柵状の大きな円形の道具は太鼓の一種で、円形の中に人が入って音を奏でる。右端の小屋の中では女性が機織りをしている

回廊内周壁「燃灯仏《ねんとうぶつ》授記本生図」

回廊外周壁　民衆の生活と仕事

# survey 32 Ka-ma-kyaung-u-hpaya (No. 2003) 寺院

所在地：バガン考古遺跡群
（Bagan Archaeological Site）

時　代：18 世紀

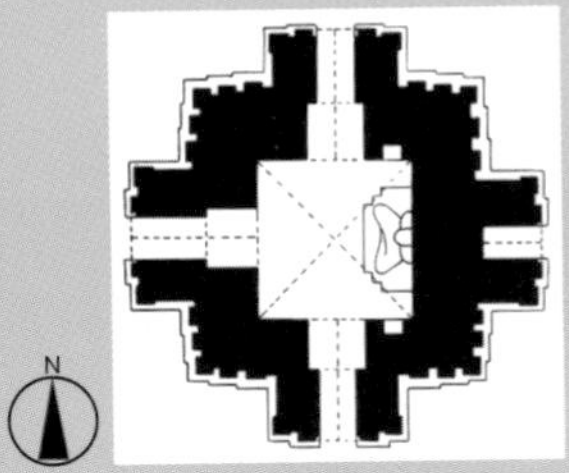


図 32　寺院平面図

▶ MAP P.51 ⓬

ミャンマー仏教において、インドラ神は守護神の筆頭として他の神々を率いる存在とされている。古くからミャンマーの人々に敬われ、非常に人気があるという。パガン時代より宝冠と豪華な衣装を身に着け、王族のような姿で表現されてきた。本来は戦いの神であったため、甲冑を身に着け、武器を携えていることもあるが、脇侍として仏陀のそばに控える場合は、音楽を司る神としても表現される。寺院の壁画には、本尊のためめに楽器を奏でるインドラ神の姿がひときわ大きく描かれている。ここに見られる竪琴、ヴァイオリンに似た弦楽器、笛の一種である管楽器は、当時実際に用いられていた伝統楽器そのままの姿を描いたものだという。

**蓮華文と装飾文様**　内陣天井

天井装飾はパガン時代の円形文様に始まり、植物文様や幾何学文様を取り込みながら発展してきた。コンバウン時代では、複雑で華やかな文様を追求する傾向が強まる一方で、植物は自然の姿に近いものとなっていく

**本尊**　内陣

脇侍は近年描き直されたものである

## インドラ神

内陣北壁
伝統楽器を奏でるインドラ神

内陣西壁
水瓶などの供物を捧げるインドラ神

## マハージャナカ本生図

内陣北壁

画面左上に横たわる王子を馬車が迎えに来る

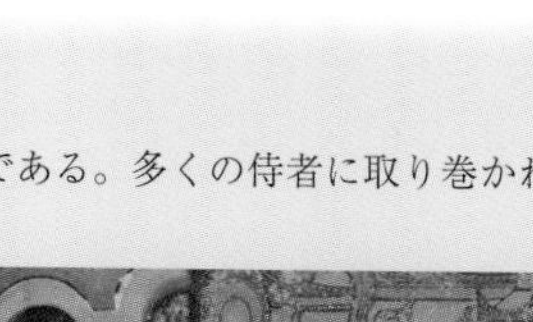

内陣西壁
主人公の王子が乗る船が難破する場面。波間をよく見るとマカラが描かれている

## 宮廷生活

（左）西入口北壁　（右）北入口西壁

寺院三方の入口に描かれているのは、釈迦の太子時代である。多くの侍者に取り巻かれ、華やかで贅沢な宮廷生活を送る太子と妃の姿が見られる

survey
33
# Upali-thein (No. 2121) 戒壇

所在地：バガン考古遺跡群
(Bagan Archaeological Site)

時　代：18 世紀末（建築は 13 世紀前期）

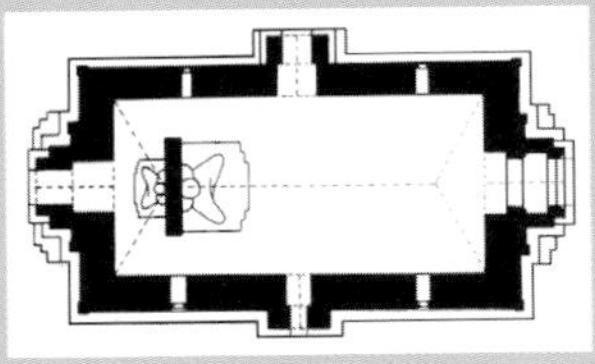


図 33　戒壇平面図

▶ MAP P.51 ⓫



建物はパガン時代（13世紀前期）のもので、18世紀に改築され、屋根の矛形装飾と堂内の壁画が追加された。1975年の大地震による損壊のため、外から見ると屋根の中央がやや沈み込んでいるのが分かる。以来、堂内には鉄骨製の補強材が設置されている。コンバウン時代の壁画は、ニャウンヤン時代の様式を受け継ぎながらも、モチーフの選択や組み合わせなどが比較的自由だったようで、寺院ごとの個性を見ることができる。

ここでは、一層目に過去二十八仏を、二層目にそれぞれの仏陀の「出家踰城《ゆじょう》」を並べて描くという独特な構図となっている。しかし、全く同じ図像が繰り返されているわけではなく、二十八人の仏陀が悟りを開いた樹木や、出家のために使用した動物もそれぞれ異なり、細やかに描き分けられている。

## 蓮華文

天井
植物文様や幾何学文様によって装飾されている

## 過去二十八仏

東入口上部
第二十八の仏陀である釈迦

**出家踰城**　東入口上部

過去二十八仏の「出家踰城」は東入口上部の右側（第一の仏陀）から始まる。堂内を時計回りに一周し、再び東入口上部の左側に戻ると釈迦（第二十八の仏陀）に到達する。釈迦の「出家踰城」は白馬が目印である

## 安居《あんご》

東壁

「出家踰城」の下の層には釈迦の安居の場面が並んでいる。釈迦が弟子たちとともに寺院や樹下で雨期を過ごす光景は、コンバウン時代の壁画に好まれた題材である

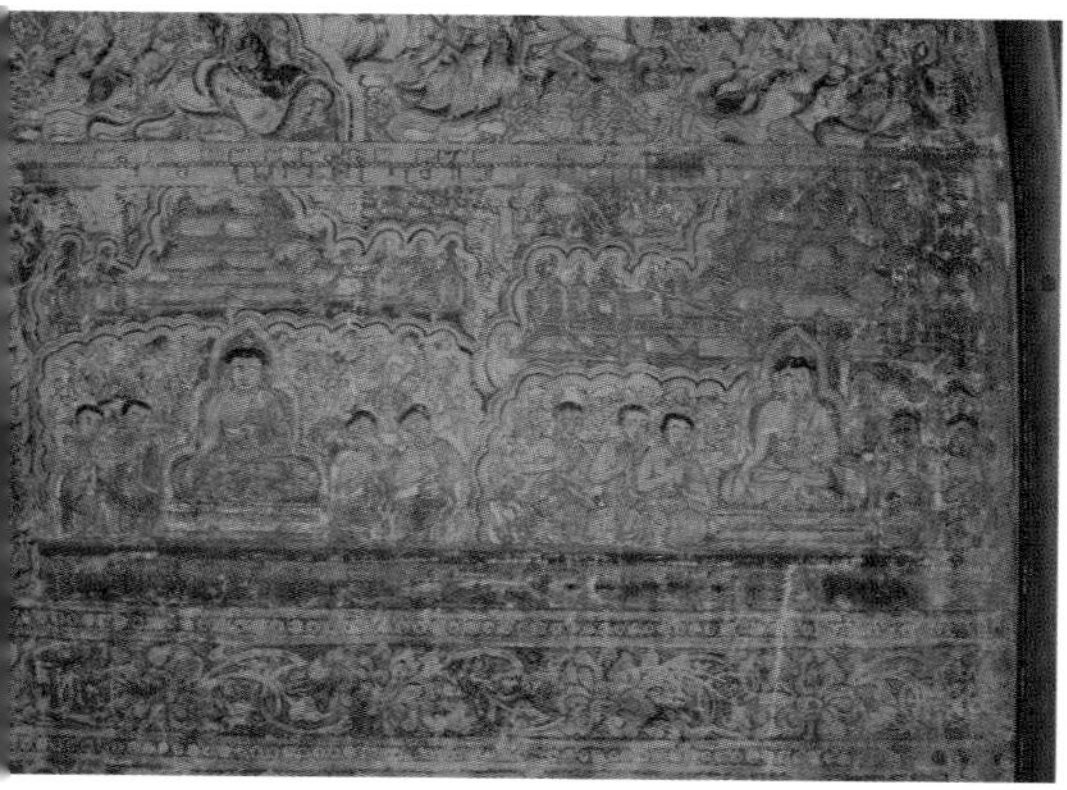

（上）西壁
建物には奥行きが表現されている

（左）南壁
扉口で背面を見せる比丘《びく》

（下）西壁　デッサン力が際立つ象の群れや鶏

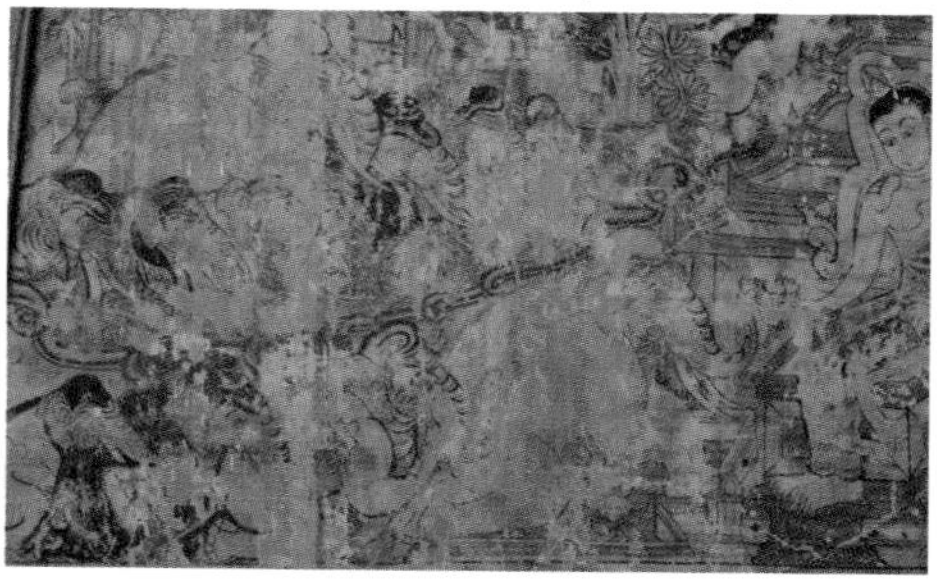

## 菩提樹

本尊

背後に描かれる菩提樹の枝は象牙を表しているという。ニャウンヤン時代以降に主流となる表現である。特に白象は国王や仏教とも縁が深い動物であったため、モチーフに取り入れられたのであろう

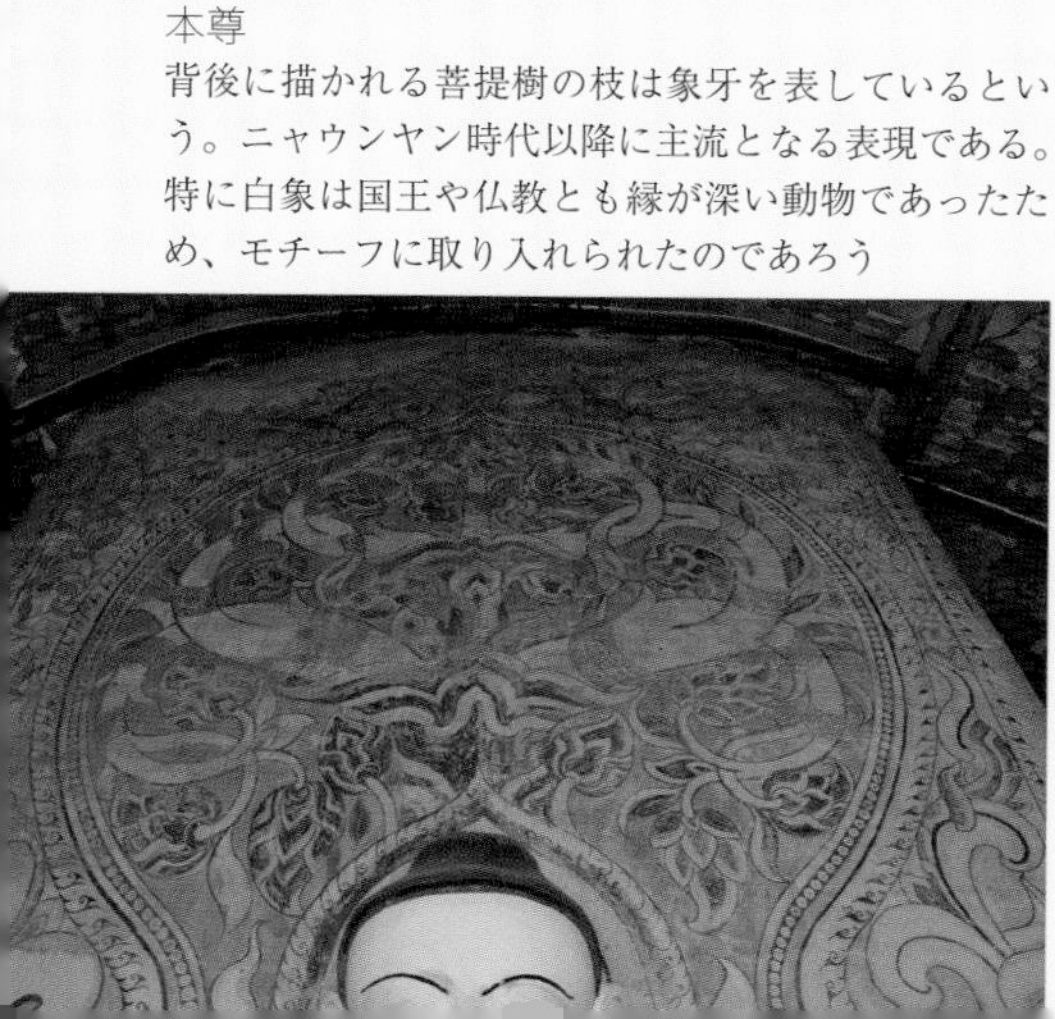

survey 34

# Pitakat-taik (No. 0062) 寺院

所在地：バガン考古遺跡群
（Bagan Archaeological Site）

時　代：19 世紀前期

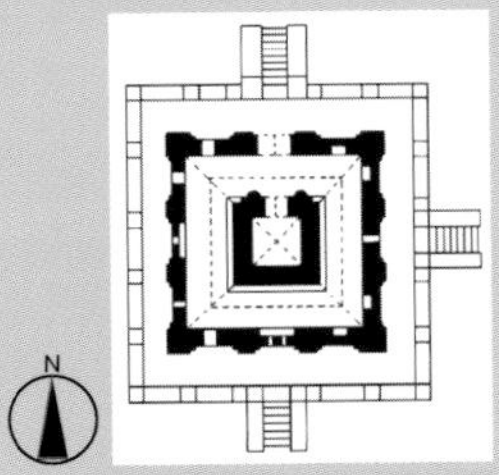


図 34　寺院平面図

▶ MAP P.51 ❻



非常に小型の寺院ながら、堂内には仏像を納めた内室を持ち、周囲に回廊を設けている。回廊に描かれた壁画は主として仏伝図と「ヴェッサンタラ本生図」をテーマとしている。ニャウンヤン時代とコンバウン時代を通じて、本生図からはマハーニパータ・ジャータカが大きく取り上げられてきた。小規模の寺院が多く建立される中、本生図すべてを描くために十分な壁面が得られなくなったことも理由の一つであろう。「ヴェッサンタラ本生図」は本生最後の説話であり、悟りを開いた釈迦に最も近い前世の物語として重視されてきた。主人公ヴェッサンタラは一国の王子でありながら、象や馬車などすべての財産を喜捨し、ついには自らの妻子までも差し出すという徹底した布施行の物語である。当時の寺院においては、信者の布施を奨励するのに格好の主題であったと考えられている。

**ヴェッサンタラ本生図**　回廊外周壁北壁

王国の宝である白象を布施するヴェッサンタラ王子

馬車で森へ向かう王子一家

## 仏伝図

回廊外周壁東壁
「占相《せんそう》」

回廊外周壁東壁
仏伝図に続く場面はウェッチーイン（Wetkyi-in）村の得度式であることが下方の墨文によって記されている。太鼓を打ち鳴らす人、蝋燭を灯した神輿を担ぐ一団など、庶民の生活風景が生き生きと描かれている

回廊外周壁南壁
眠る妃と我が子に別れを告げる釈迦

回廊外周壁東壁
釈迦が城門の外で老人、病人、死者、比丘《びく》に出会い、生老病死という人生の四苦を知り思い悩む「四門出遊《しもんしゅつゆう》」。鳥が屍をついばむ生々しい場面は、宮廷生活の華やかさと対照的である

回廊外周壁東壁
神輿を担ぐ男たちの太腿には刺青《いれずみ》が見られる

回廊内周壁東壁
回廊内周壁には安居《あんご》が描かれており、釈迦が滞在した各寺院の名前がビルマ語で記されている。下方には小さな仏像が並び、過去二十八仏を表現している

回廊天井
華やかな植物文様で彩られた回廊天井

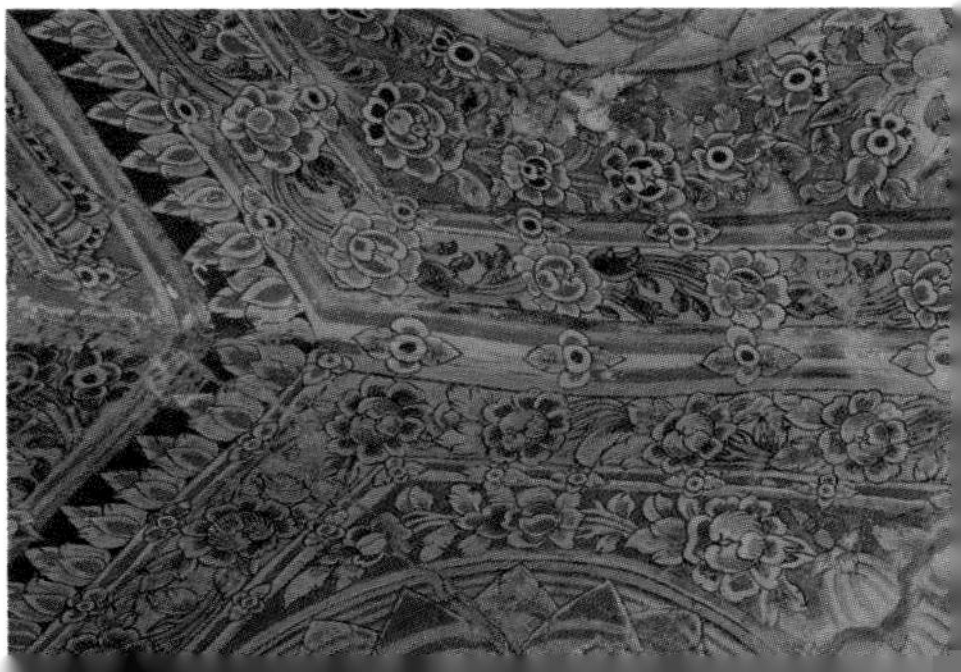

survey 35

# Paung-le-umin (No. 0166) 窟院

所在地：バガン考古遺跡群
（Bagan Archaeological Site）

時　代：19 世紀末

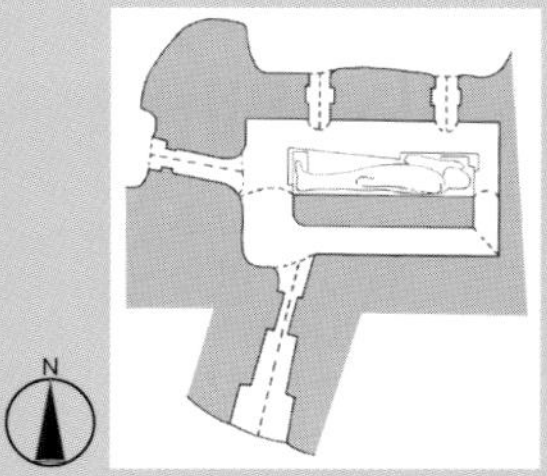


図 35　窟院平面図

▶ MAP P.51 ❸

砂岩の洞窟を彫り出して造られた窟院で、実際には地下にある。本尊は巨大な寝釈迦像である。現在も人々の信仰を集めており、堂内は参拝者のために維持管理がよくなされている。砂岩の洞窟に泥下地を塗布し、その上に薄い石灰下地を重ねて壁面を仕上げている。このように、自然の洞窟に手を加えて祠堂を建造する技術は、ニャウンヤン時代以降によく見られる。天井に描かれた壁画はすべて植物文様で、仏教的なモチーフは見受けられない。鮮やかな青色顔料は19世紀末にバガンで発見されたもので、すでにミャンマーに伝わっていたインドや中国の文化を模倣して頻繁に用いられたという。ビルマ族による最後の王朝が終焉を迎えつつあった時代に、新しい色彩を用いて壁画が制作された貴重な事例である。

窟院入口
屋外の入口から地下へ降りると、奥に窟院の入口が見える。現在は参拝者のために屋根で覆われているが、実際の洞窟の形がよく分かるようになっている

白、黄、青をふんだんに用いて描かれた植物文様。仏陀や神々がまったく描かれていない壁画の例としては非常に珍しい

天井
天井と壁面の一部に壁画が残る

白と青のコントラストが鮮やかな蝶の文様

北壁
天井と壁面の境目に見られる帯状装飾

南壁
天井と壁面の各所に見られる灰色の部分は、崩落を食い止めるために古い修理で使用されたセメントである。現在はより柔軟性に優れた素材を用いる方針へと転換しているという

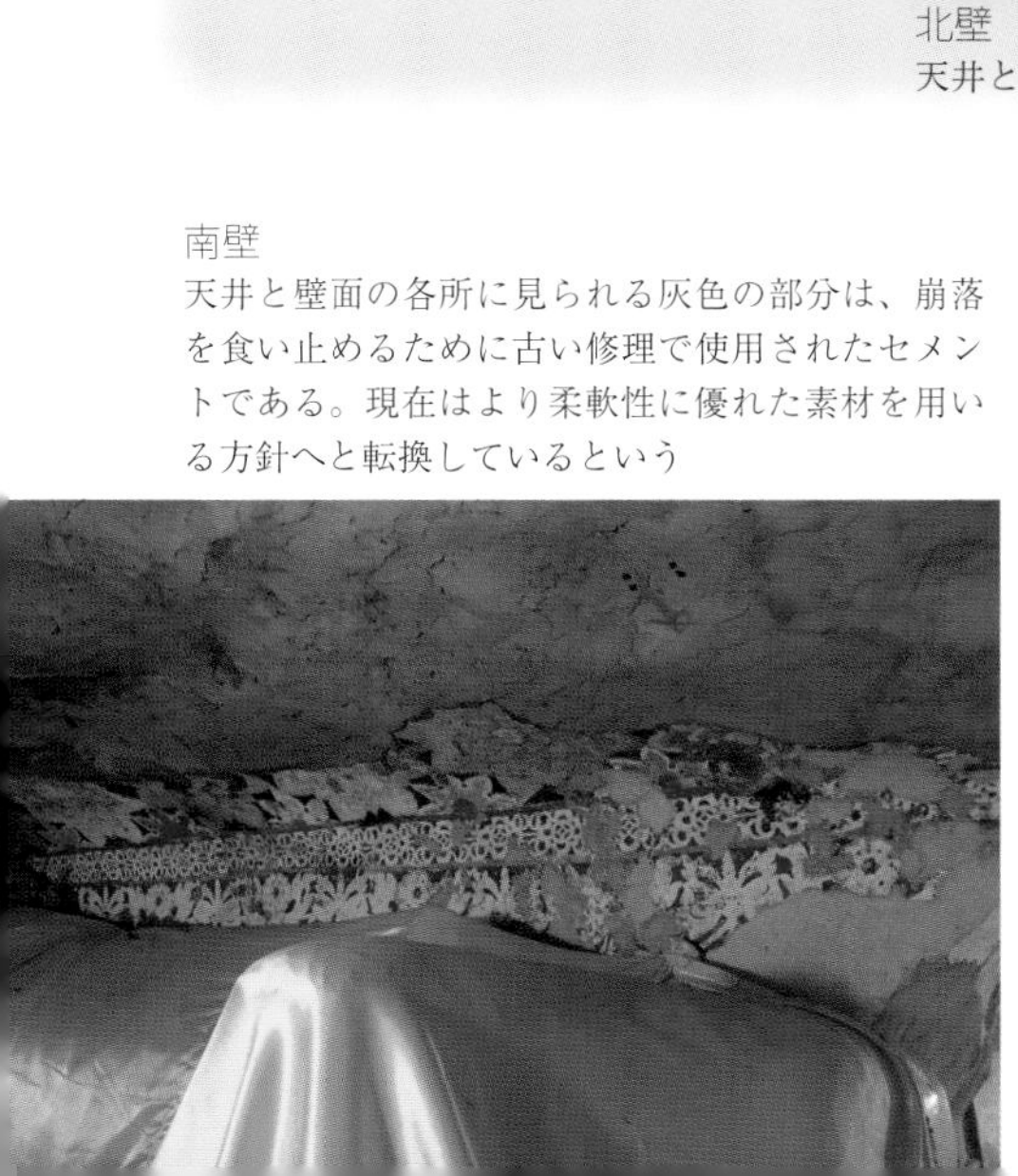

通路
寝釈迦像の足元から屋外へ通じる通路

# survey 36 Pho-win-taung No. 0284 窟院

所在地：ポーウィン山石窟寺院群
(Yinmabin District, Yinmabin Township, Pho Win Taung Caves)

時　代：17 世紀～ 18 世紀
（石窟群は 13 世紀末～ 19 世紀）

▶ MAP P.50 ⑧

ポーウィン山に石窟寺院が現れ始めたのは、パガン時代以降の13世紀末から14世紀初頭とされている。以来、19世紀のコンバウン時代に至るまで、無数の石窟寺院が建造された。その数は大小合わせて1000箇所を超えるという。堂内に壁画が描かれたのは16世紀から18世紀にかけてのことで、16世紀のものが最も多いと言われている。よって、ポーウィン山において壁画の制作活動が盛んだったのは、ニャウンヤン時代か、それよりも早い時期にさかのぼる可能性もある。No.0284窟院において最も多くの壁面を占めているのは「ヴェッサンタラ本生図」であり、保存状態も良く鮮やかな色彩と図像が残っている。天井に目を向ければ、四仏塔と礼拝者たちの世界が視界いっぱいに広がっている。モチーフに過去二十八仏や仏伝図が採用されていない珍しい例である。

（上）中国　（下）セイロン国

ポーウィン山石窟寺院群
一帯に大小無数の窟院が造られている

## 仏像と守護神

入口正面

仏像の傍らには二大弟子の姿はなく、神々が脇侍として控えている。体躯の大きさによって神としての地位の高さを示すと思われる。下方に小さく描かれた神々は竪琴や管楽器を奏でている

右手に払子《ほっす》、左手に法螺貝を持つ神。法螺貝は仏陀の教えを世界にあまねく伝える道具とされ、仏教では重要な象徴の一つである

## ヴェッサンタラ本生図

白象の布施はヴェッサンタラ王子追放の原因となる重要な場面である

王子は家畜や馬車などあらゆる財産を布施する

入口から見て右側壁面

複数の層に渡り、絵巻物のように物語が進む

## 植物文様・四仏塔

天井

天井には四仏塔が描かれ、左右に礼拝者が並ぶ。中央には蓮華文の代わりに、六匹のナーガが絡み合った文様が見られる。大きく華やかな植物文様の中には、パガン時代から受け継がれた蓮蕾状文様が組み込まれている

（上）神々の天界　（下）ナーガ

survey 37

# Pho-win-taung No. 0478 窟院

所在地：ポーウィン山石窟寺院群
(Yinmabin District, Yinmabin Township, Pho Win Taung Caves)

時　代：17 世紀～ 18 世紀
(石窟群は 13 世紀末～19 世紀)

▶ MAP P.50 ⑧

ポーウィン山石窟寺院群には次のような伝説が存在する。ピュー族の都市国家であったハリン (Halin) の国王はパガンに招かれ、Shwe-zigon 仏塔に傘蓋《さんがい》を寄進する儀式に参列した。帰路、チンドウィン川を船で進んでいたときに岩山を発見した。これがポーウィン山である。地元で最も腕が立つ彫刻師シュエ・バ (Shwe Ba) に命じ、七躯の仏像を彫らせたのが起源だという。このうちの一体は、願い事を叶えてくれる仏像として現在も特に信仰を集めている。ハリンの活動期は9世紀頃まで、Shwe-zigon 仏塔の竣工は１０８７年、ポーウィン山に石窟寺院が造られ始めたのはパガン時代以降とされており、この伝説は史実と矛盾する点も多い。しかし、ポーウィン山がパガン時代以前より信仰の地と見なされていた可能性を否定するものではない。

天井
奏楽と舞踊を捧げるキンナラとキンナリー

ポーウィン山最古の仏像が祀られた祠堂
祈りのための空間が設けられている

堂内
仏像の後方壁面には脇侍が描かれている

## 仏像と脇侍

入口正面壁面
仏像の左右には傘蓋、払子《ほっす》、団扇、法螺貝などの持
物を携えた神々、音楽を奏でる神々、比丘《びく》が付き従う

入口から見て右側壁面
最上層から三層目までは過去二十八仏の生涯を表し、「王宮生活」「出家踰城《ゆじょう》」「剃髪」「成道《じょうどう》」から構成されている。三層目の一部と四層目には釈迦の生涯がより詳細に描かれている

## 過去二十八仏の生涯・釈迦の生涯

釈迦の「出家踰城」

入口から見て右角壁面
「成道」の右側には「魔衆の攻撃」が見られ

窟院天井
天井を見ると、菩提樹下の釈迦と二大弟子を中心として、周囲を神々や弟子たちが取り囲んでいる。四隅にはキンナラとキンナリー、マカラ、孔雀が踊り、奏楽の神々も見られる

survey 38

# Pho-win-taung No. 0480 窟院

所在地：ポーウィン山石窟寺院群
（Yinmabin District, Yinmabin Township, Pho Win Taung Caves）

時　代：17 世紀～ 18 世紀
（石窟群は 13 世紀末～ 19 世紀）

▶ MAP P.50 ⑧

涅槃《ねはん》像を納めた横長の石窟である。釈迦は沙羅樹の間で涅槃に入ったと伝えられる通り、本尊の頭頂と足元側の壁面に沙羅樹が描かれている。天井は蓮華文とナーガの組紐文様で装飾され、細部にもキンナラとキンナリー、ガルダ、マカラ、孔雀、ハンサなどがあしらわれている。六箇所ある入口には地獄の光景が見られる。当時の人々にとっては畏れと戒めの象徴であったのだろう。

## 過去二十八仏の生涯

天井
天井から壁面にかけては過去二十八仏の「出家踰城《ゆじょう》」「剃髪」「降魔成道《ごうまじょうどう》」の場面が繰り返されている。出家の際の乗りものである動物や「成道の樹木」はそれぞれ描き分けられている

## キンナラとキンナリー

仏龕上部
奏楽と舞踊を捧げるキンナラとキンナリー

## 沙羅樹

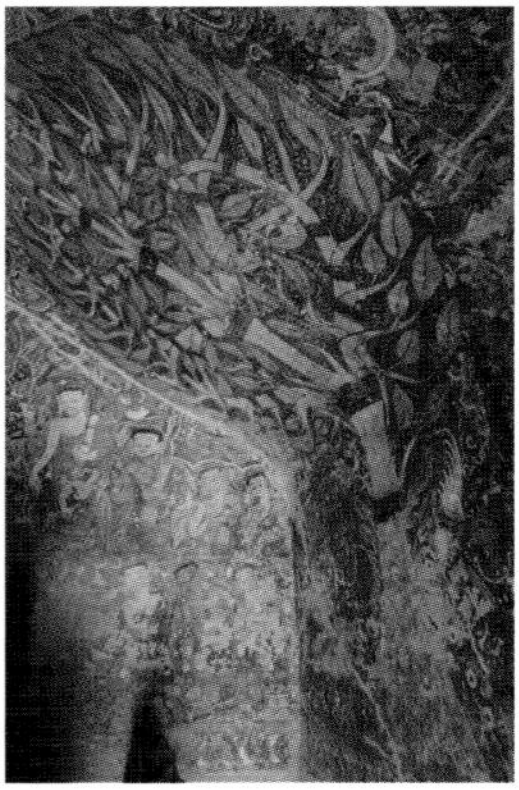

本尊足元側壁面
空間を活かして配された沙羅樹

## 地獄

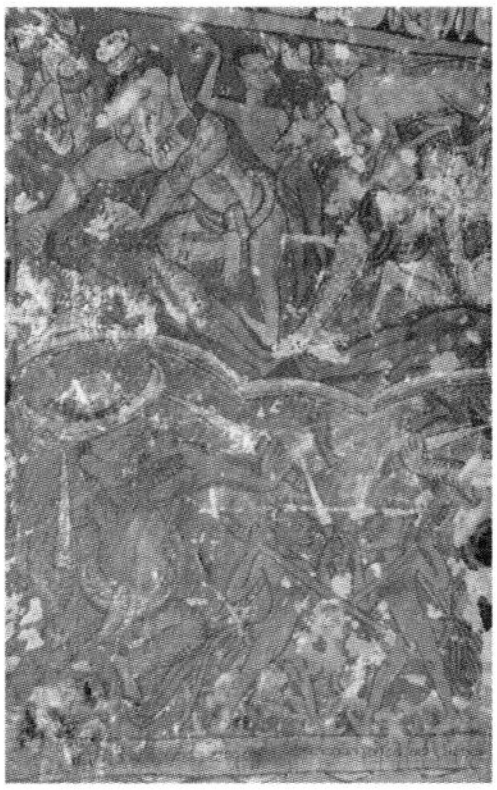

入口
地獄の刑罰や責め苦

survey 39

# Su-taung-paye-yok-son 寺院

所在地：モンユワ県チャウンウー郡キンムン村
（Monywa District, Chaung-U Township, Kinmun Village）

時　代：17 世紀末～ 18 世紀初頭

▶ MAP P.50 ⑨

寺院名の「Su-taung-paye」には「願い事が叶う」という意味があるという。現在も住民たちに大切にされている小寺院である。壁画のモチーフとしては安居《あんご》を大きく取り上げている点が特徴的である。釈迦が弟子とともに寺院で雨期を過ごす様子は、コンバウン時代にとりわけ好まれた図像だったようである。人物と建物の大きさの比率は無視されているものの、建物には遠近感が取り入れられている。

**過去二十八仏**　本尊右側壁面
ビルマ語による墨文で仏陀の名前と成道の樹木が記されている

**蓮華文と植物文様**　天井
写実的に描かれた多種多様な植物

**安居**　本尊正面壁面
釈迦は安居に忉利天《とうりてん》を訪れ、母であるマーヤー夫人《ぶにん》に説法を行ったという。この場面の右手には地上界へ戻る「三道《さんどう》宝階降下《ほうかいこうげ》」が見られる

本尊右側壁面
各地の寺院で過ごした安居の場面が描かれている

survey 40

# Yok-son-phaya 寺院

所在地：モンユワ県チャウンウー郡
キンムン村
（Monywa District, Chaung-U Township, Kinmun Village）

時　代：18 世紀中葉

▶ MAP P.50 ⑨



エーヤーワディー川の支流であるチンドウィン川流域には多くの村があり、ニャウンヤン時代からコンバウン時代にかけての壁画を持つ寺院が確認されている。キンムン村はチンドウィン川沿いの都市モンユワの南に位置し、比較的規模の大きい村の一つである。寺院名のYok-sonは「絵がたくさんある」という意味を持つという。寺院の外観はごく簡素だが、名前が示す通り、堂内には鮮やかな壁画が一面に描かれている。ミャンマーでは16世紀頃からポルトガルをはじめとしたヨーロッパ人が定住し、傭兵として重要な役割を担っていた。西洋諸国がもたらした鉄砲や大砲は、国防上欠かせないものとなっていたのである。こうした社会的背景を反映したものか、Yok-son-phaya寺院を含めてコンバウン時代の壁画にはビルマ人とは明らかに異なる風貌の人物や銃火器が姿を現すようになる。

## 蓮華文・過去二十八仏

内陣天井

天井の中央には大きな蓮華文がある。周囲は損傷や剥落が著しいが、残された断片から判断すると、おそらく過去二十八仏が並んでいたと考えられる

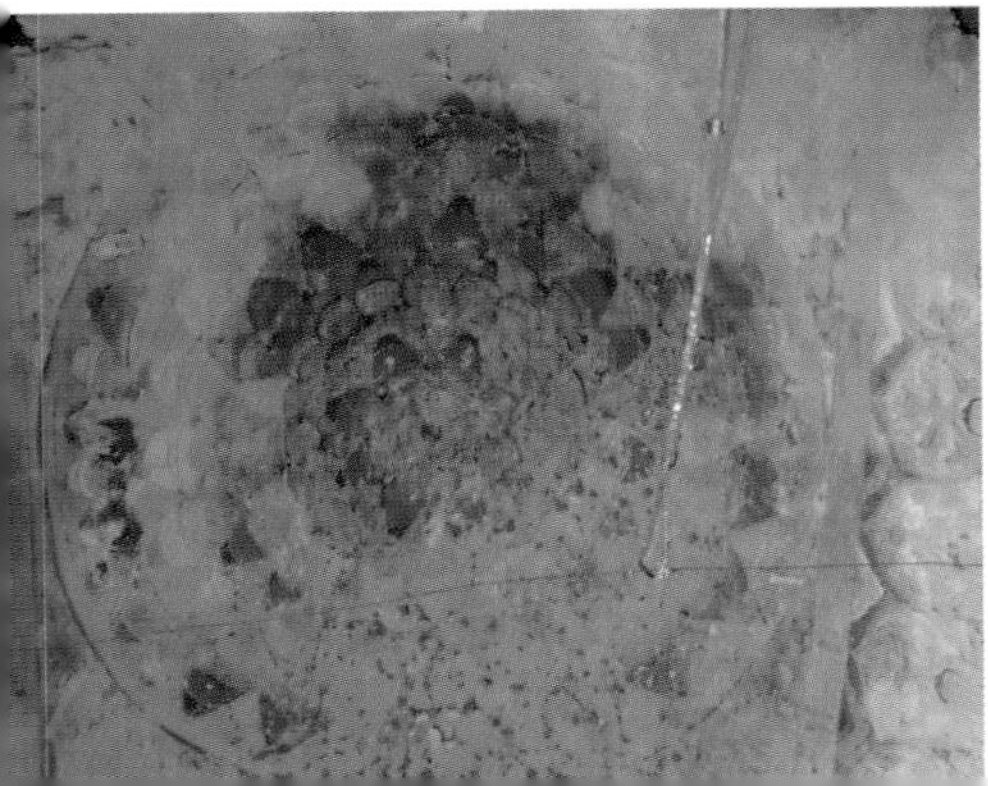

内陣

赤、白、黒を基調とした壁画が本尊を取り囲む

## 仏伝図・本生図

四方の壁面は四層に分かれ、最上層は仏伝図、二層目以下にはマハーニパータ・ジャータカが描かれている。かつてはビルマ語による墨文の説明が記されていたと思われるが、現在は磨耗してしまい判読できない

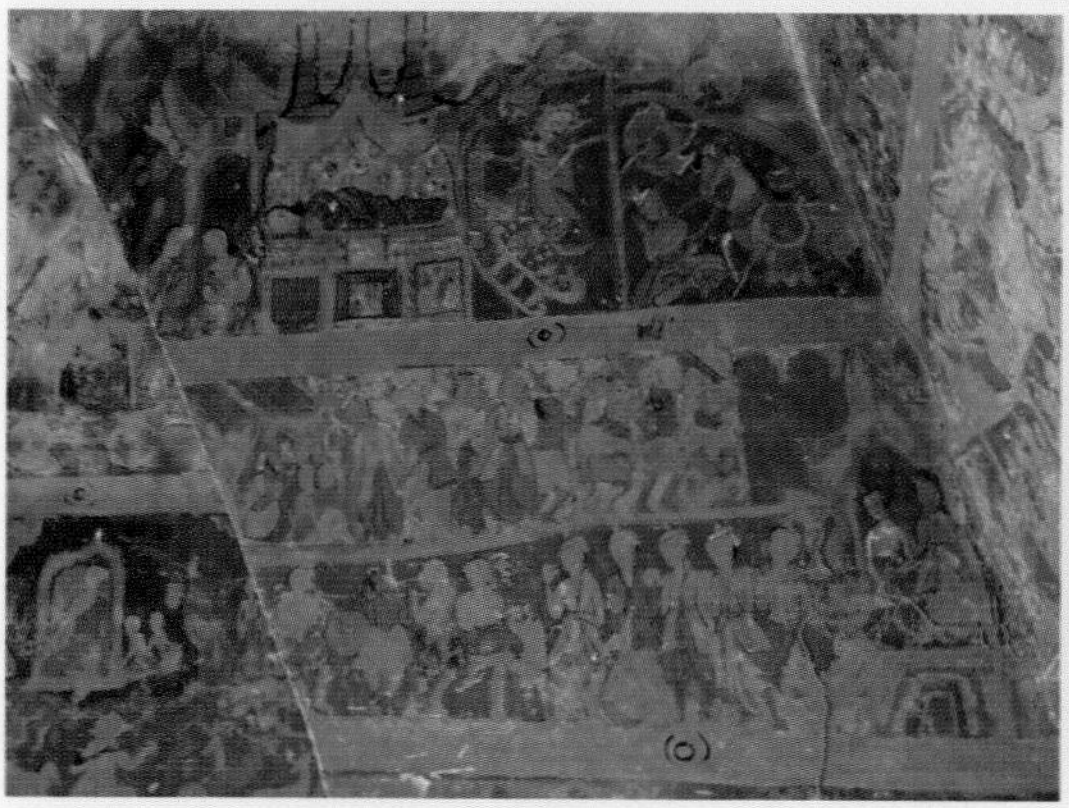

本尊右側壁面

本尊右側壁面
出城前に妃と我が子に別れを告げる釈迦

本尊背後壁面
「出家踰《ゆ》城《じょう》」

本尊背後入口上方
「剃髪」

本尊左側壁面
「ヴェッサンタラ本生図」ほか本生図

## 仏足跡

本尊正面入口天井
パガン時代とは異なり片足のみである

（左）本尊正面入口左側壁面
コンバウン時代には様々な動物を集めた図像がよく用いられた。釈迦が本生図、すなわち前世において生まれ変わった動物とその回数を示している。本生図の新しい表現の一つである

（右）本尊正面入口右側壁面
鉄砲を担う西洋風の人物たち

survey 41

# No.1 寺院（Monywe Complex）

所在地：インマビン県サリンジー郡タマン村（Yinmabin District, Salingyi Township, Thaman Village）

時　代：18 世紀中葉

▶ MAP P.50 ⑦

数基の小寺院から成るMonywe Complex寺院群に属する寺院である。2014年にミャンマー宗教文化省考古国立博物館局によって、隣接するNo.2寺院とともに保存修復が行われた。寺院の外観も、以前は煉瓦壁がむき出しだったものが、現在は白く塗り替えられている。堂内に入ると外観のイメージからは一変し、極彩色の空間が広がっている。壁画の大部分は保存状態も良く、色彩や図像も鮮明である。壁面を複数の層に区切って本生図や仏伝図を表すのは、ニャウンヤン時代の典型的なスタイルである。しかし、下層から上層へ物語を読み進めていくと、必ずしも左から右へ場面が展開しているわけではなく、下層から折り返すように右から左へ場面が進んでいる層も見られる。物語の連続性を尊重しながらも、分かりやすさや壁画全体の構成を考慮した上での工夫であると思われる。

**本尊と脇侍**

内陣

二大弟子や神々を従えた本尊

本尊上方

菩提樹の上ではキンナラとキンナリーが奏楽と舞踊を捧げている

入口天井
菩提樹下の釈迦を中心として、比丘《びく》や動物が周囲を取り囲む円形の図像が見られる。Pho-win-taung No. 0478 窟院の天井にも類似の図像が描かれており、釈迦の生涯に関わるモチーフと考えられる

## 過去二十八仏・仏伝図・本生図

本尊右側壁面
一～二層目は過去二十八仏、三～五層目は仏伝図、六～七層目は本生図に充てられている。物語が丁寧に表現されており、信者が仏教の教えを理解するには効果的であったと思われる。大型の神像は Pho-win-taung No. 0284 窟院のものに酷似している

三層目「成道後七週間の瞑想」

五層目「出家踰城《ゆじょう》」「剃髪」

六層目「ヴェッサンタラ本生図」

本尊左側壁面

「誕生」ではアショーカ樹の枝をとるマーヤー夫人《ふじん》に妹マハープラジャーパティーが寄り添っている

釈迦が温冷二種の水で清められる「灌水《かんすい》」。水を注いでいるのはブラフマー神とインドラ神である

アシタ仙人が釈迦の未来を占う「占相《せんそう》」

# survey 42 Phaung-chi-taing 寺院

所在地：パコックー県パコックー郡
ニャウンラ村
（Pakokku District, Pakokku Township, Nyaung Hla Village）

時　代：18 世紀後期〜 19 世紀前期

▶ MAP P.50 ②

のどかな田園地帯に建つ小型寺院である。堂内の壁画は限られたスペースを最大限に活かし、できるだけ多くのモチーフを盛り込もうとする工夫が見られる。天井の中央には蓮華文があり、蓮蕾状文様と過去二十八仏が周囲を取り巻く。壁面の大部分を占めているのは本生図と最下層の地獄であるが、仏伝図や四仏塔などの重要な主題も合間に取り入れられている。

## 仏伝図

入口側壁面
過去二十八仏と並んでいるので見落としやすいが、釈迦が悪人や獣を調伏する「八つの調伏」が描かれている。釈迦のそばに悪竜や象が降伏し帰依を示しているのが目印である

「マハージャナカ本生図」の船が難破する場面

## 四仏塔・本生図・地獄

本尊左側壁面
最上層は四仏塔（一基は壁龕の中にある）、二層目は「ヴェッサンタラ本生図」、最下層は地獄である

本尊右側壁面
（上）「マハージャナカ本生図」
（下）「ヴェッサンタラ本生図」

survey 43

# Shin-bin-pwint-lan 寺院

所在地：パコックー県イェサギョー郡シンチュン村（Pakokku District, Yesagyo Township, Sin Kyun Village）

時　代：18 世紀末

▶ MAP P.50 ③

堂内に入ると横長の空間が広がり、入口から本尊までは非常に短い。長方形の天井には蓮華文はなく、植物や七宝繋などの連続文様で装飾されている。壁画で特筆すべきは入口の周囲に描かれた数多の人物像で、髪型、身色、衣装、持物がすべて異なっている。このように、異民族が本尊に向かって礼拝するモチーフはニャウンヤン時代以降にしばしば登場する。

## 礼拝する異民族

入口
合掌礼拝する数多の異民族たち

入口北壁
ビルマ語による墨文で民族名が記されている

## 過去二十八仏・本生図

南壁
過去二十八仏と「マホーサダー本生図」

## 須弥山《しゅみせん》・三道宝階降下《さんどうほうかいこうげ》

北壁
ゆるやかに弧を描いた宝階を降りる釈迦と神々。宝階の上には太陽の象徴である孔雀と月の象徴であるウサギも描かれている

survey 44・45

# No. 4 寺院・No. 5 寺院（Shwe-mote-htaw Group）

所在地：パコックー県イェサギョー郡マウー村（Pakokku District, Yesagyo Township, Ma Au Village）

時　代：18 世紀（No. 4 寺院）
18世紀後期～19世紀（No. 5寺院）

▶ MAP P.50 ④



Shwe-mote-htaw Group 寺院群の区画内には様々な様式の寺院が林立している。No. ４寺院の壁画は、人物のやや硬いポーズや形式化されたデザインの植物文様にニャウンヤン時代の名残を感じさせる。壁面は四層に分けられ、仏陀坐像が繰り返し描かれている。過去二十八仏だけではなく、ナーガや白象を伴うものがあることから「八つの調伏」が含まれていると考えられる。仏足跡、四仏塔、「成道後七週間の瞑想」なども各所に配されている。一方、No. ５寺院の壁画は仏伝図のうち釈迦の太子時代に焦点を当てている。「托胎《たくたい》霊夢《れいむ》」から「剃髪」までが細やかな筆致で描かれており、コンバウン時代の宮廷文化が色濃く反映されている。続く「降魔成道《ごうまじょうどう》」の場面は、パガン時代と同様に、本尊によって表現されていると考えてよいであろう。

**仏伝図**

物語が上層から下層へ進む珍しい配置である。堂内を時計回りに進み、最終的に本尊へ至る動線を意識していたためかもしれない。コンバウン時代らしく形式に縛られない図像配置と言える

本尊左側壁面
「托胎霊夢」

本尊正面壁面
「占相《せんそう》」

本尊右側壁面　「誕生」

# No. 4 寺院

## 過去二十八仏・仏伝図

本尊右側壁面
過去二十八仏はいずれも降魔印を結び、左右に脇侍を伴うことから「八つの調伏」と区別できる

## 仏足跡

本尊左側入口天井
三箇所の入口天井すべてに仏足跡が描かれている

## 四仏塔

本尊右側入口
ナーガ国の仏塔。四仏塔は二箇所の入口に配されている

# No. 5 寺院

## 植物文様・過去二十八仏

天井
蓮華文はなく、植物文様に覆われている。スペースが限られているためか過去二十八仏は数が揃っていない

survey 46・47

# Wa-so-tait (No. 104) 寺院・Shwe-phone-pwint (No. 097) 寺院 (Zay-di-taw Group)

所在地：モンユワ県チャウンウー郡アネイン村
(Monywa District, Chaung-U Township, Anein Village)

時　代：18 世紀

▶ MAP P.50 ⑤



Zay-di-taw Group 寺院群の敷地には、ほぼ同じ大きさの小寺院が整然と並び、壁画も多く残されている。Wa-so-tait（No.１０４）寺院の堂内にはずらりと比丘《びく》が描かれ、本尊へ身体を向けて礼拝している。仏伝図に関わる唯一の図像は最下層の「魔衆の攻撃」と「魔衆の敗退」である。二つの主題は本尊を挟むように描かれているが、通常とは逆に、右から左へ進む配置となっている。Shwe-phone-pwint（No.０９７）寺院の壁画は同寺院群の中でもひときわ鮮やかな色彩が残っている。描かれているのは過去二十八仏、仏伝図、本生図といった伝統的なモチーフである。絵巻物のようなスタイル、波状の区切り線、建物の平面的な表現はニャウンヤン時代を踏襲しているが、登場人物たちの表情や身のこなしはより自然に近くなり、コンバウン時代の特徴を感じさせる。

入口側壁面
「ヴェッサンタラ本生図」の最後の場面に区切り線を設け、右隣の「誕生」へと物語が続く

入口反対側壁面
二層に渡り精緻に描かれた仏伝図

# Wa-so-tait（No. 104）寺院

**魔衆の敗退**

本尊左側壁面
本尊を振り返りつつ合掌する魔衆

**礼拝する比丘・魔衆の攻撃**

本尊右側壁面
壁画の主役は三層に渡って並ぶ比丘である。過去二十八仏や本生図などは見られない。最下層には「魔衆の攻撃」があり、本尊と隣り合う箇所には黒象に乗り、あらゆる武器を繰り出し攻撃する魔王マーラがいる

# Shwe-phone-pwint（No. 097）寺院

**過去二十八仏・仏伝図・本生図**

入口から見て左側壁面
最上層に過去二十八仏を配し、その下には仏伝図と本生図が続く。物語の場面は丁寧に描き込まれており、主題の境目には直線の区切り線が設けられるなど、理解の助けとなるよう工夫されている

survey 48

# No. 121 寺院（Min-ye Group）

所在地：モンユワ県チャウンウー郡
アミン村
（Monywa District, Chaung-U Township, Amyint Village）

時　代：18 世紀～ 19 世紀

▶ MAP P.50 ⑥

アミン（Amyint）村とアネイン（Anein）村はともにチンドウィン川東岸に位置し、ニャウンヤン時代とコンバウン時代の壁画を持つ寺院が多いことでも知られている。北のアミンは「高い」、南のアネインは「低い」という意味で、地理的な位置関係が村名となっている。アミン村の人口は1、000人ほどであるが、村内に154基もの寺院を擁しているという。No.121寺院は数多くの小寺院から構成されるMin-ye Group寺院群に属している。東に三箇所の入口を持ち、堂内にはちょうど「日」の文字のように回廊が巡らされている。壁画の登場人物たちは自然なポーズで描かれ、建物には遠近感や奥行きが見られる。また、装飾文様には多種多様な植物の姿を取り入れ、華やかな空間を生み出している。これらの特徴と柔軟な図像配置は、同寺院の壁画がコンバウン時代のものであることを示している。

内陣天井
蓮華文や植物文様、仏陀坐像、比丘《びく》などから構成される円形文様が見られる

Min-ye Group 寺院群

## 本生図

中央入口東壁

「燃灯仏《ねんとうぶつ》授記本生図」は本生図すべての根源となる物語として重視されている。中央入口の上部に描かれている。ここを起点として、堂内の本生図や仏伝図がつながるよう意識した配置である

中央入口西壁

樹神が登場する「バッダサーラ（Bhadda-Sala）本生図」（第 465 話）

内陣入口天井

両足が揃った仏足跡

中央入口から内陣を臨む

細い通路の奥に安置された本尊

## 仏伝図・本生図

内陣南壁

仏伝図が描かれているのは内陣のみで、入口側の通路には一切描かれていない。また、内陣に見られる本生図はマハーニパータ・ジャータカが中心である。入口から内陣へ進むにつれて釈迦の物語に近づく配置となっている

内陣西壁

本尊脇には「四門出遊」「出家踰城《ゆじょう》」「剃髪」がコンバウン時代らしい自由な構図で描かれている

内陣北壁

「ブーリダッタ本生図」（第 543 話）

survey 49

# Tilawkaguru 窟院

所在地：サガインヒル
（Sagaing District, Sagaing Township, Sagaing Hill）

時　代：17 世紀後期

▶ MAP P.50 ⑪

サガインヒルは150を数える仏塔や僧院が点在する仏教の中心地である。Tilawkaguru 窟院は、ニャウンヤン王朝第六代国王ナラワラ（Narawara、在位1672－1673年）によって1672年に建造されたとされており、壁画も同時代のものである可能性が高い。建物は岩山を掘削し、部分的に煉瓦を補って造られている。西側に三箇所の入口を持ち、中に入ると中央内室の周囲に回廊が廻らされている。回廊に沿って複数の小空間が設けられており、比丘《びく》の瞑想の場であったと考えられる。

壁画は回廊の東側と南側に比較的良い状態で残っているが、西側と北側は損傷が著しい。主題は過去二十八仏の生涯のほか、本生図の最後の五十話に取材しているという。マハーニパータ・ジャータカではない点、過去二十八仏と本生図の間に必ずしも仏伝図が配されていない点は非常に珍しい。

### 装飾文様

回廊天井

デザイン化された植物のモチーフ

### 過去二十八仏　東回廊内周壁

回廊の壁面は五層に分かれ、最上層には過去二十八仏が並んでいる。二層目は過去二十八仏の生涯であり、「宮廷生活」「出家」「剃髪」「瞑想」「成道《じょうどう》」の場面を繰り返し描いている

## 仏伝図

西回廊内周壁
過去二十八仏の下に「ムチリンダ竜王の護仏」が描かれている

西回廊内周壁
「四天王奉鉢《ほうはつ》」

## 本生図

東回廊内周壁
三層目と四層目には本生図が描かれている。赤い地色に緑色が映える鮮やかな配色はニャウンヤン時代の特徴の一つである。描画表現は平面的で、建物に奥行きは見られない。人物や動物の大きさの比率も無視されている

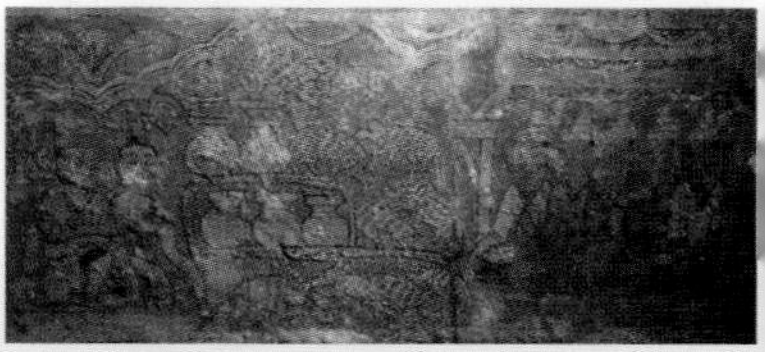

（上）東回廊外周壁（下）南回廊内周壁
人物と比べてはるかに大きいネズミや鳥

南回廊外周壁
表情や衣装の柄も緻密に描き込まれている

## 瞑想の空間

東回廊南側の小部屋

回廊の各所に小さな空間が設けられている。物語性のあるモチーフはなく、植物や動物の装飾文様のみが見られる

（下）南回廊中央の小部屋
マカラや孔雀などの図像で装飾された小部屋

## 仏足跡

中央内室入口天井
パガン時代とは異なり片足のみであ

survey 50

# Hlaung-oo-maw 経庫

所在地：サガイン県サガイン郡
ユワティッジー村
(Sagaing District, Sagaing Township, Ywar Thit Gyi Village)

時　代：17 世紀～ 18 世紀

▶ MAP P.50 ⑩



長方形の建物で入口は一箇所のみであり、三方に小窓を持つ。本尊はなく、経庫として使用されていたと考えられる。四方の壁面は九層もしくは十層に区切られており、最下層には動物、植物、幾何学文様などの装飾文様、下から二～六層目には本生図のうちマハーニパータ・ジャータカ、七～八層目には仏伝図が描かれている。九～十層目から天井にかけては損傷が著しく図像が判別しにくいが、伝統的な配置を考慮すれば、おそらく過去二十八仏が並び、天井には蓮華文があったと思われる。絵巻物のような横長の画面に物語を描いている点、主題の切り替えに波状の線を用いている点、人物や建物のサイズ感が無視されている点はニャウンヤン時代に典型的な特徴である。一方で、部分的には建物に奥行きが見られ、コンバウン時代に向かう過渡期の作例とも考えられる。

**守門神**
入口扉外側
寺院の入口扉に金彩で施された守門神

入口天井
七宝繋文様に彩られている

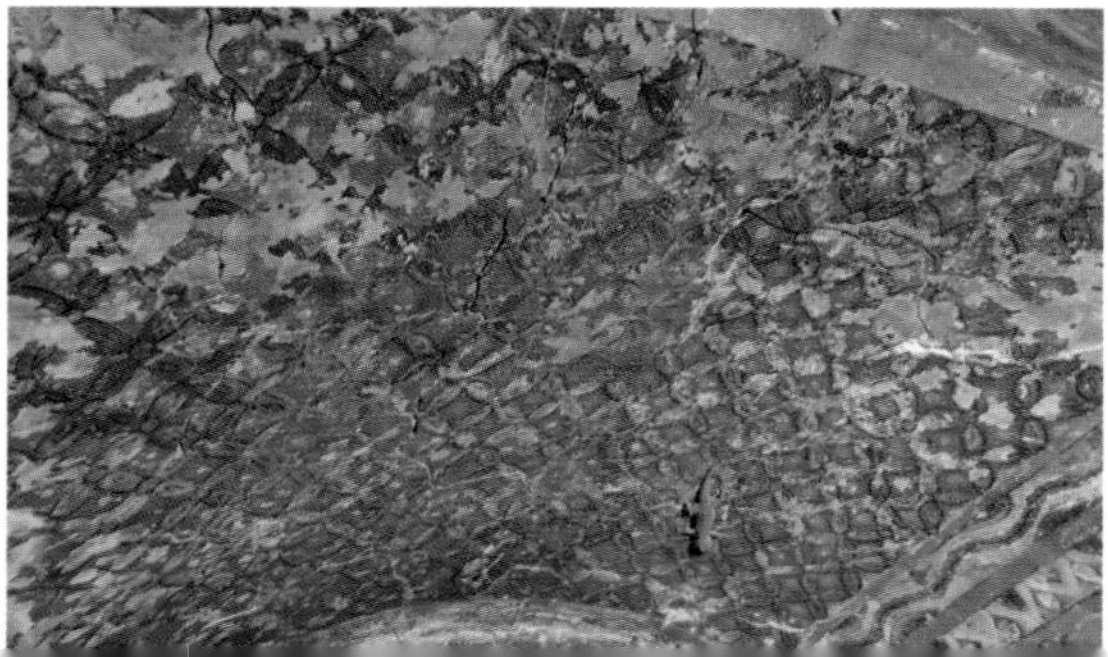

## 本生図

（下）入口に向かって右側壁面
最下層の装飾文様には様々な動物が並び、ビルマ語による墨文の説明が付けられている。これらは本生図における釈迦の前世の姿であり、それぞれの動物に生まれ変わった回数を示している

入口正面壁面　「ブーリダッタ本生図」

入口上部壁面　「ヴェッサンタラ本生図」

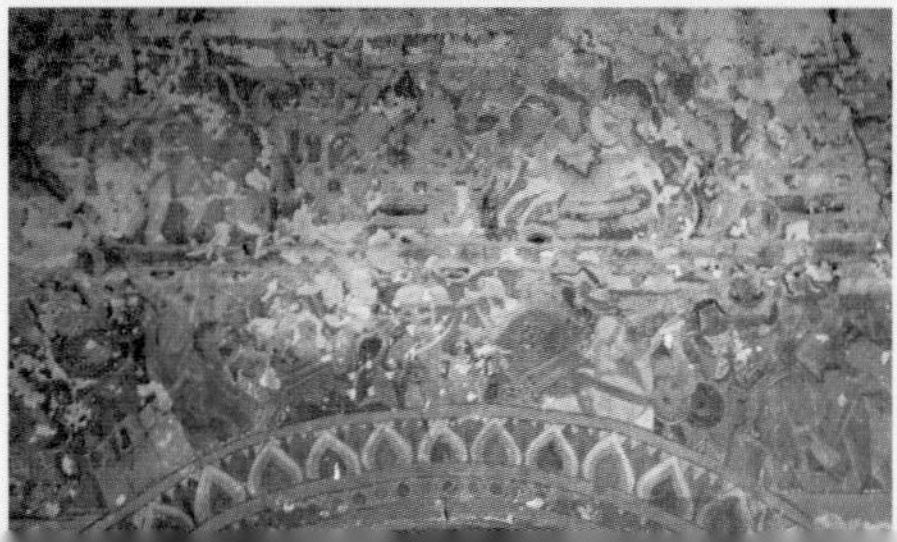

（左）入口に向かって右側壁面　「マハージャナカ本生図」
壁面の中層部に描かれた本生図は、比較的損傷が少なく図像も鮮明である。描かれているのはマハーニパータ・ジャータカである。下層から上層へ向かって順に物語が配置されていると考えられる。

（上）入口正面
四方の壁画は下層から上層に向かって物語がつながる。最下層の動物たちによって象徴される本生図に始まり、マハーニパータ・ジャータカを経て仏伝図に至る。ニャウンヤン時代らしく秩序正しい画面構成である

（上）入口正面窓
小窓を飾るキンナラと三匹の猿

入口内側壁面
堂内に入ると両側に守門神が控えている。持物として傘蓋《さんがい》、あるいは払子《ほっす》と法螺貝を手にしている

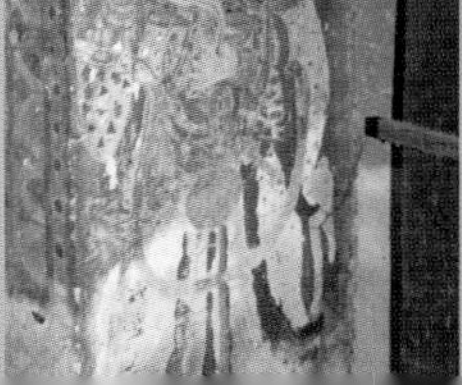

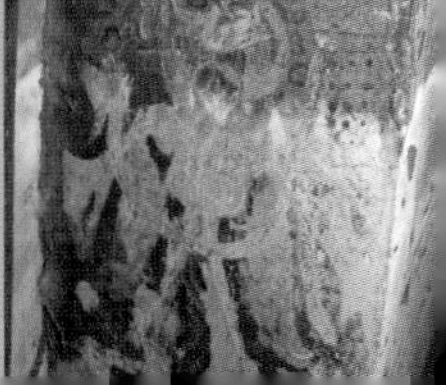

survey 51

# Mipaukkyi 寺院

所在地：サガインヒル
（Sagaing District, Sagaing Township, Sagaing Hill）

時　代：18 世紀中葉（建築は 15 世紀）

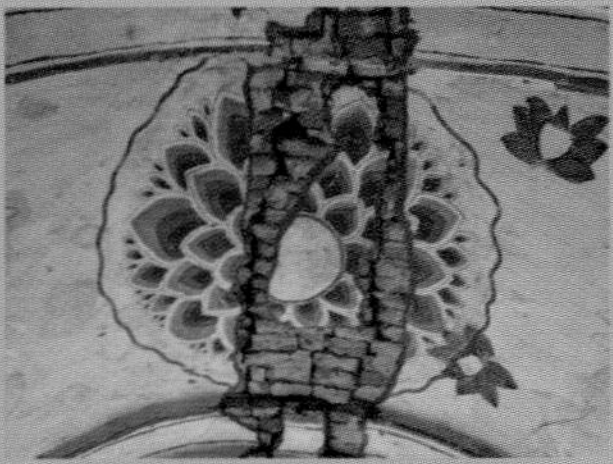

▶ MAP P.50 ⑪

インワ王朝の国王ナラパティ（Narapati、在位１４４３－１４６９年）時代建造のMipaukkyi仏塔境内にある寺院である。王女の侍女であったMipaukkyiがこの地域に土地を与えられ、１４４７年に寺院が建立されたという。かつては四方に入口を持つ大型の寺院であったが、現在は東側の前室と北入口を残すのみである。「kyi」は「大きい」という意味を持ち、サガインヒルには同寺院を含め、名前に「kyi」が付く寺院が九箇所あるという。

東前室
白と赤を基調とした色彩でまとめられた前室の壁画。かつてこの奥には内陣があった。植物は自然な姿で描かれている。人物像や装飾文様などのモチーフが大型であることが特徴である

東前室天井
大型の七宝繋文様

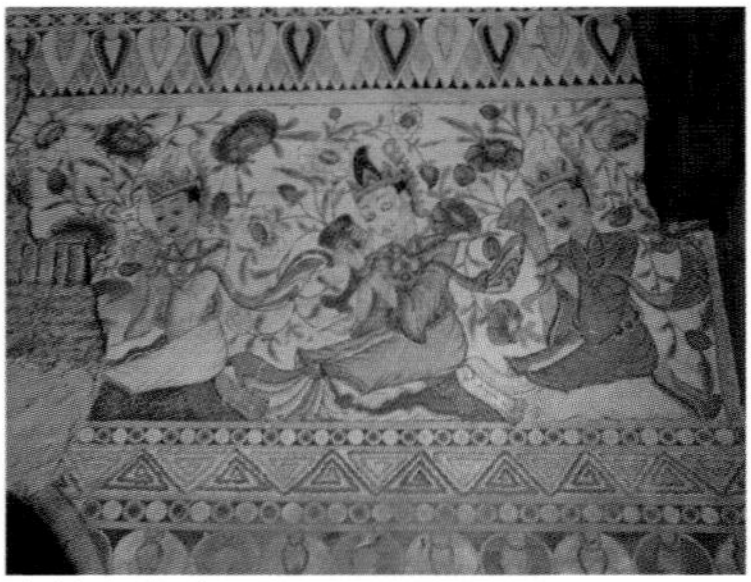

東前室北壁
内陣に向かい花を捧げる神々

北入口天井
北入口には東洋的な樹木が描かれている

survey 52
# Shwe-gutha 寺院

所在地：マンダレー県アマラプーラ郡アマラプーラ町
（Mandalay District, Amarapura Township, Town of Amarapura）

時　代：18 世紀後期

▶ MAP P.50 ⑮

Shwe-gu-gyi 仏塔境内の南に位置する小型寺院である。壁画は断片的にしか残っていないが、図像と色彩は比較的鮮明である。本尊のある東壁の上方には過去二十八仏の断片が認められる。南、西、北の壁面は複数の層から構成されており、上から一〜二層目を仏伝図に、それ以下を本生図のうちマハーニパータ・ジャータカに充てていたものと考えられる。本生図に描かれた鉄砲を構える兵士のモチーフは、壁画がコンバウン時代のものであることを示している。

入口北壁
本尊に身体を向けて礼拝する神々

**仏伝図・本生図**
（上）西壁北側　（下）西壁南側
当時の社会や宮廷が舞台となっている

**仏足跡**
東壁北側仏龕《ぶつがん》天井
本尊の左右には仏龕が設けられている。北側仏龕の天井には両足が揃った仏足跡が描かれ、ナーガがその周囲を守護する

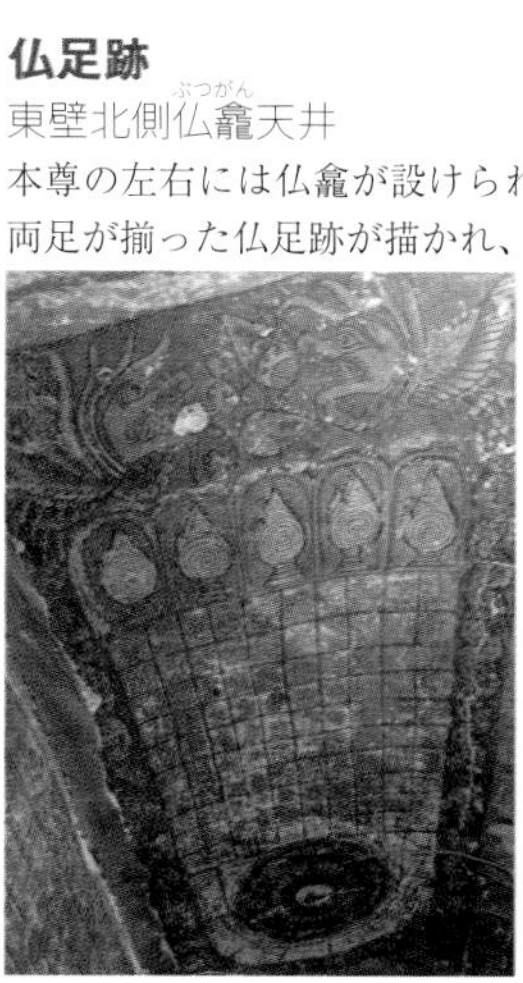

survey 53
# Innwa No. 270 寺院

所在地：ピンヤ考古遺跡群
(Kyaukse District, Tada-U Township, Pinya Archaeological Site)

時　代：18 世紀末～ 19 世紀前期

▶ MAP P.50 ⑬



パガン王朝の滅亡後、ピンヤ王朝の国王として即位したのはシャン族出身のティハトゥ（Thihathu、在位１３１２－１３２５年）であった。二人の兄とともに軍司令官としてパガン国王に仕えていた人物である。ピンヤはわずか52年、六代の国王によって統治された短命王朝であった。ピンヤ遺跡にはかつての王都としての名残はほとんどないが、Shwe-zigon 仏塔は現在も信仰のよりどころとなっている。その名が示すように、バガンのShwe-zigon（№０００１）仏塔を模して建造されたという。№２７０寺院はピンヤのShwe-zigon仏塔の境内にある。ミャンマー考古国立博物館局インワ支局の管轄地域では４４０箇所に上る仏教建築が確認されており、№２７０寺院はそのうちの一つである。洪水による浸水や家畜の侵入により、壁画の下部が大きく損傷してしまっている。

本尊
現代風のガラスモザイク装飾が施されている

Shwe-zigon 仏塔（ピンヤ）

## 須弥山《しゅみせん》

本尊上方

本尊上方には須弥山がそびえ、頂上の宮殿は忉利天《とうりてん》を表している。半ば失われており見にくいが、中腹には二つの円形が見られる。向かって右側は太陽を象徴する孔雀、左側は月を表すウサギと思われる

## 蓮華文・過去二十八仏

天井

天井に蓮華文、本尊側を除く三方に過去二十八仏がある

## 本生図の動物たち

本尊右壁壁面

過去二十八仏の下には様々な動物が描かれており、数も一定ではない。本生図における釈迦の前世の姿であり、その動物に生まれ変わった回数を示しているという

## 成道後七週間の瞑想

本尊左壁壁面

成道後の釈迦は、七日間ごとに場所を変えながら瞑想三昧の七週間を過ごしたという。樹下の瞑想図、遊行図、托鉢の鉢を持つ図、「ムチリンダ竜王の護仏」が並んでいる

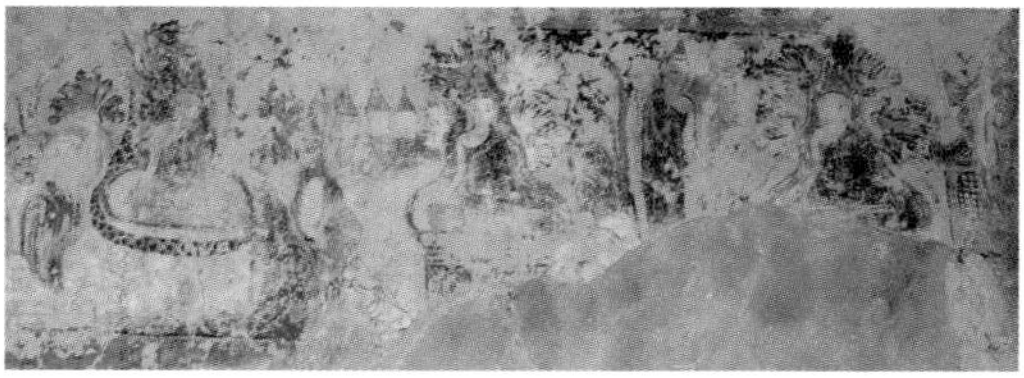

## 本生図・地獄　本尊正面

壁面の下部は一部しか壁画が残っていないが、おそらく本生図と考えられる。その下には地獄の光景が断片的に確認できる。大釜に入れられ、あるいは大魚に飲み込まれる亡者が見られる

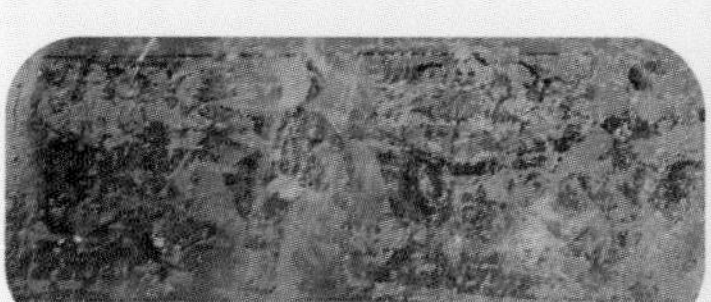

釜茹でにされている亡者

survey 54

# Innwa No. 233 寺院 (Law-ka-htake-oo Group)

所在地：チャウセー県タダーウー郡
ハンターワディ村
(Kyaukse District, Tada-U Township, Han Thar Wa Di Village)

時　代：18 世紀末～ 19 世紀初頭

▶ MAP P.50 ⑭

正方形の小型寺院で、入口以外の三方向には開口部を持たない。壁画は剥落や摩耗が多く明瞭ではないが、壁面の最下部には壁龕を含めて仏伝図が描かれている。釈迦の物語は山や森の風景に溶け込んでおり、こうした自然の描写は出家を暗示するものだという。仏伝図の上に並ぶ動物たちは本生図における釈迦の前世を表したものである。さらに上の層は、仏伝図より「成道後七週間の瞑想」または「八つの調伏」を描いたものと思われる。コンバウン時代らしい自由な図像配置である。

## 蓮華文・過去二十八仏

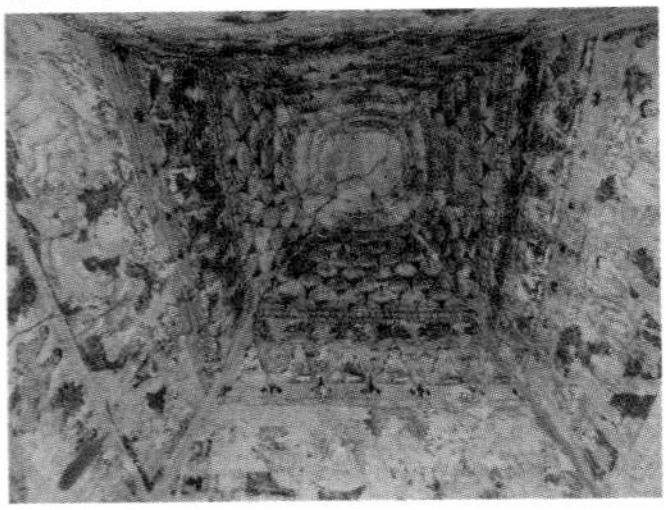

天井
過去二十八仏が蓮華文を取り囲む

## 仏伝図・本生図の動物たち

入口から見て左側壁面
出家を暗示する自然の表現は、動物たちの存在によってより強調されている。壁龕の中に見られる白馬は「出家踰城《ゆじょう》」の断片である可能性が高い

入口から見て右側壁面
ひときわ大きい象が目立つ「酔象調伏《すいぞうちょうぶく》」

入口から見て左側壁面
自然な表情で写実的に描かれた人物たち

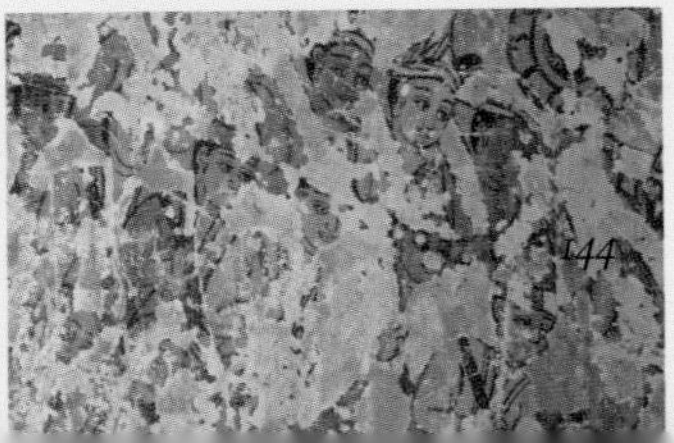

survey 55

# Innwa No. 445ka 寺院

所在地：インワ考古遺跡群
（Kyaukse District, Tada-U Township, Innwa Archaeological Site）

時　代：18 世紀末～ 19 世紀初頭

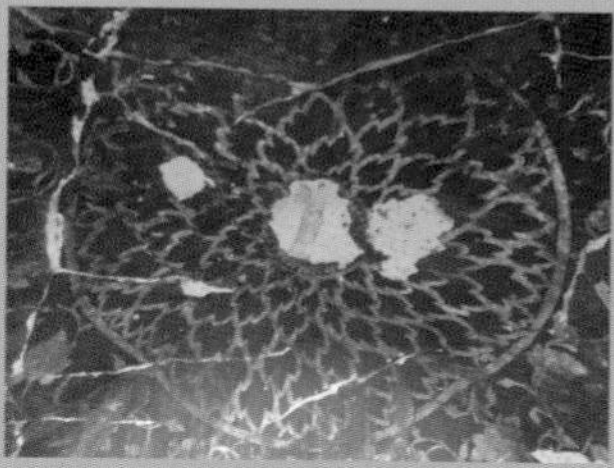

▶ MAP P.50 ⑫

Lawkatharaphu 仏塔境内にある小型寺院である。入口は一箇所のみで、堂内に入ると正面に本尊があり、左右の壁面に小窓がある。壁画は茶褐色の漆と金箔のみで制作されたもので、他の寺院のように色鮮やかな顔料は一切使用されていない。漆喰の上に漆塗りと金箔を施し、蓮華文や植物文様を描いている。古くから金箔を特産とするマンダレー周辺地域ならではの作例と言えるだろう。

壁面上塗りの剥落
現在、四方の壁面は白く塗りつぶされてしまっているが、ペンキの剝落箇所には天井と同じ漆の色が確認できる。本来は堂内全体が漆で仕上げられていたと考えられる

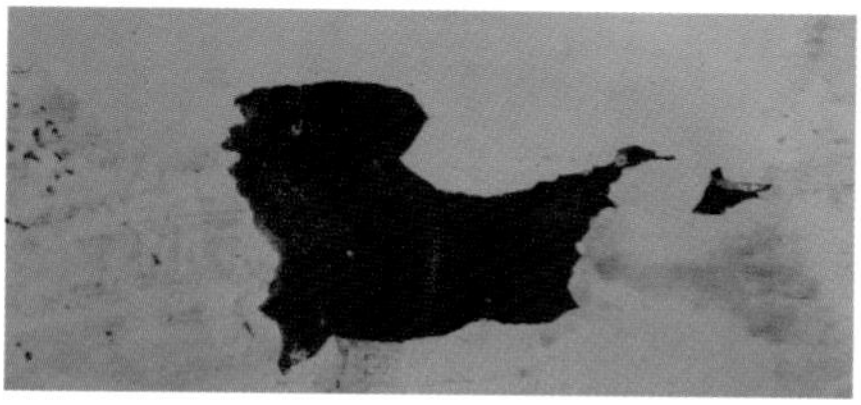

## 蓮華文と装飾文様

内陣
天井のみに残る漆と金箔の壁画
（左）本尊
（右上）蓮華文
（右下）装飾文様

survey 56

# Hpokalar 寺院

所在地：マンダレー県パテインジー郡シュエザヤン村
（Mandalay District, Pathein Gyi Township, Shwe Sar Yan Village）

時　代：19 世紀中葉

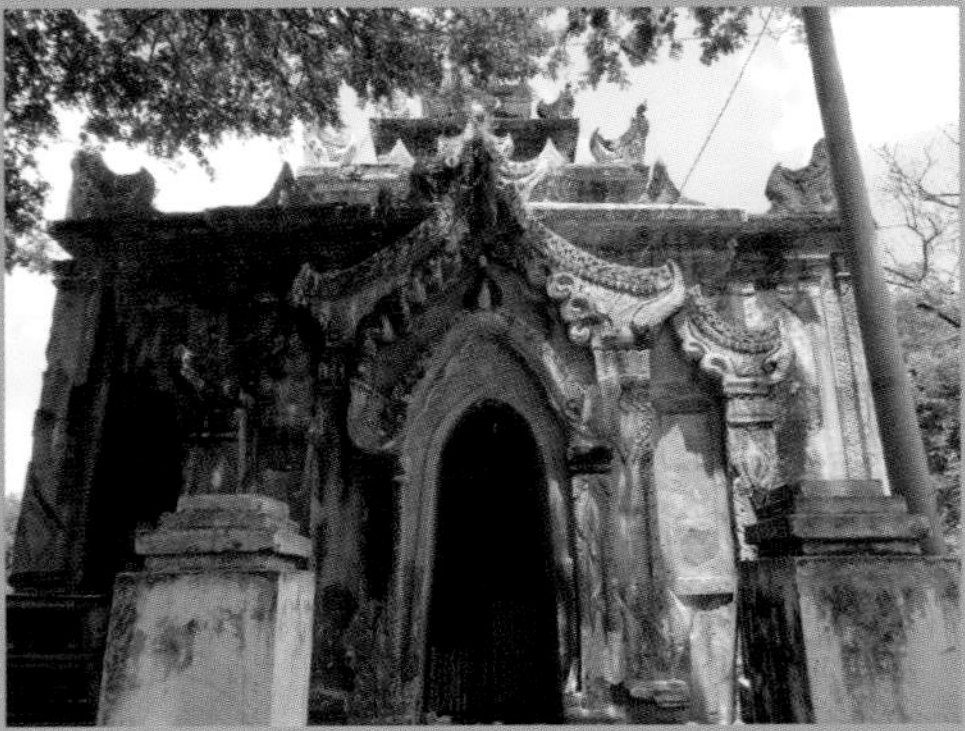

▶ MAP P.50 ⑱



マンダレーから東のメイミョーへ向かう途中にシュエザヤン（Shwe Sar Yan）村がある。

Hpokalar 寺院は多くの参拝者で賑わうShwe-sar-yan 仏塔の裏手に位置している。寺院名の「Hpo」は「老人」を、「kalar」は「インド人」もしくは「インド以西の人」を意味するという。18世紀後期以降、ミャンマーには多くのインド人が流入した。インド人入植者による寄進など、同寺院の建立に何らかの関与があったものと考えられる。西側に内陣があり、東側に前室が接する伝統的な構造である。前室には北東南の三方に入口を設けているが、現在は東入口のみ出入りが可能である。内陣の壁画は保存状態があまり良くないが、前室では多くの部分が鮮やかな色彩を留めている。内陣入口には漆と金箔による装飾が施されており、古くから金箔を特産とするマンダレー周辺地域の特徴を示している。

**仏足跡**

内陣入口天井

黒漆と金箔による仏足跡（部分）。細かい盛り上げ細工が施されている。タヨー（Tayo）と呼ばれるミャンマー独自の漆工技術によるものであろう

内陣入口

前室より内陣の本尊を臨む

## 本生図

前室の北、東、南の三方にはマハーニパータ・ジャータカが描かれている。北壁の「ムーガパッカ本生図」（第538話）に始まり、各入口を経由しながら時計回りに進み、南壁の「ヴェッサンタラ本生図」（第547話）へ至る

（左）前室北入口西側　（右）前室北壁西側
「ムーガパッカ本生図」

前室北入口東壁
「マハージャナカ本生図」（第539話）では西洋人をはじめ、衣装、髪型、肌の色が異なる「kalar」が目立つ。戦闘の場面には当時すでに導入されていた鉄砲や大砲も見られる

## 異国人たち

前室東入口
各入口の左右にはビルマ人とは異なる風貌の異国人が描かれている。インド以西出身の人々「kalar」と思われる。ミャンマー人にとって、白い綿の半ズボン姿はインド人の典型的なイメージだという

前室東壁北側
「ニミ本生図」（第541話）では建物に奥行きが表現されている

（左）内陣入口右側
インド人と思われる半ズボン姿の男性

survey 57

# Kyauktawgyi 寺院

所在地：マンダレー県アマラプーラ郡タウンダマン村
(Mandalay District, Amarapura Township, Taung Tha Man Village)

時　代：19 世紀中葉

▶ MAP P.50 ⑯

コンバウン王朝第九代国王パガン（Pagan、在位１８４６－１８５３年）によって建造された大型の寺院で、大理石の大仏を本尊とする。寺院名の「Kyauk」は「石」、「taw」は比丘《びく》や教師に対して用いる尊称であり、「gyi」は「大きい」という意味を持つ。つまり「大理石の大仏」を表している。壁画は四方の入口通路に見られる。同寺院から見て東西南北に実在する仏教建築を、風景や人々の暮らしとともに描いている。これまでの寺院壁画とは異なり、風景画をテーマとしている点は珍しい。建造物や自然の風景には遠近感や明暗が与えられ、非常に写実的な描画表現である。風景の中に細緻に描き込まれた人々の生活にも注目したい。通路天井には仏足跡や蓮華文などの伝統的な図像のほか、星宿図が大きく取り上げられている。コンバウン時代後期に特徴的なモチーフの一つである。

東向きに安置された大理石の本尊

北入口通路東壁
**人々の生活が生き生きと描かれている**

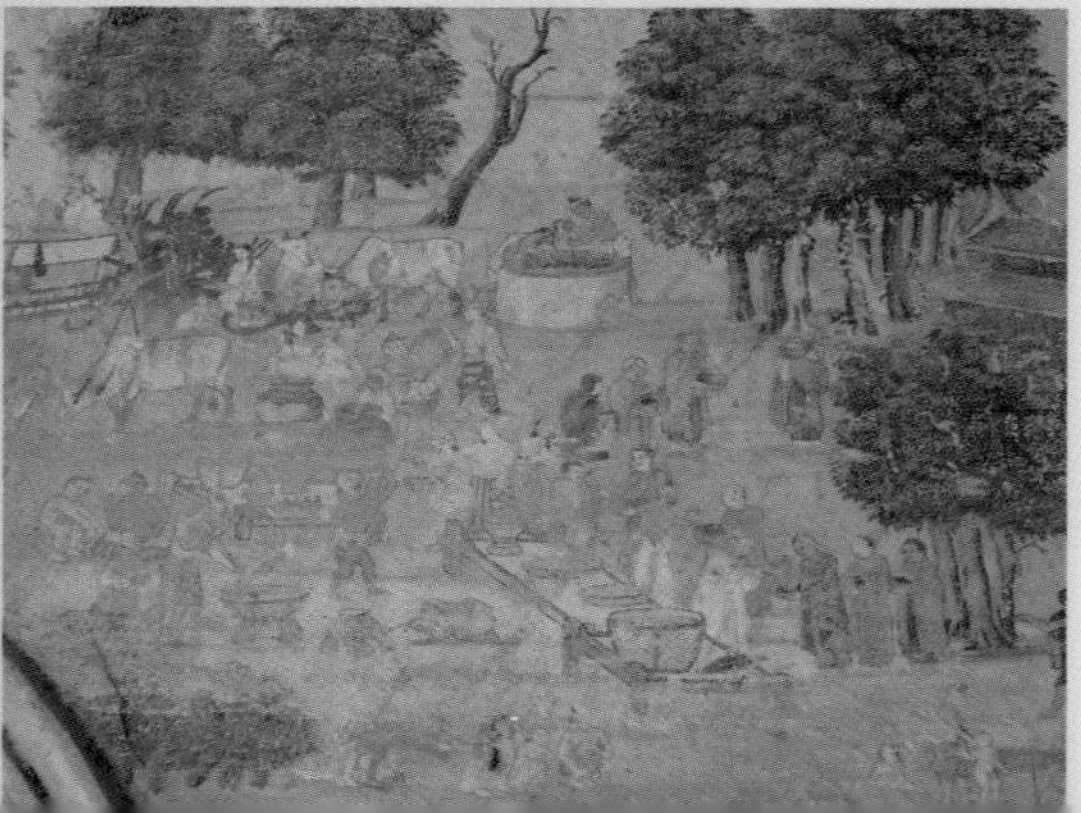

## アマラプーラ

東入口通路北壁
Kyauktawgyi 寺院の東方向にあるアマラプーラの風景が描かれている。Bagaya-oat-kyaung 僧院をはじめとする仏教建築が並んでいる

僧院の門前を進む行列

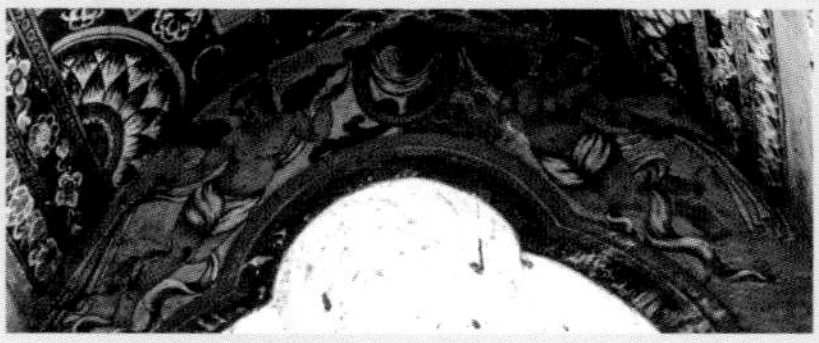

東入口通路入口
翼を持つ人物像は西洋の天使そのものである

## ヤンゴン・インワ・バガン

南入口通路東壁
東壁にはバガンの風景が描かれている。中心には金色の Shwe-zigon（No. 0001）仏塔があり、近くをエーヤーワディー川が流れている。なお、西壁にはヤンゴンとインワの仏塔や寺院が描かれている

南入口通路東壁
船が行き交うエーヤーワディー川

南入口通路天井
二十四の方角に区分された星宿図

## ピイ

西入口通路北壁
チーク材と竹材を使用した僧房が見られる

## サガイン・マンダレー 北入口通路西壁

U Min Thonze 窟院などの特徴的な建築を描いたサガイン
風景がみられる。画面中央の丘陵はサガインヒルであろう
一方、東壁はマンダレーの風景を描いている

survey 58

# Mahamuni 寺院

所在地：マンダレー市内
(Mandalay District, Aungmyethazan Township, City of Mandalay)

時　代：19 世紀末（寺院は 18 世紀末に建立、19 世紀末に再建）

▶ MAP P.50 ⑰

コンバウン王朝第六代国王ボードーパヤ（Bodawpaya、在位1782−1819年）は、1784年、ミャンマー西部のラカイン王国との戦争で勝利し、敵国の至宝とされた大仏を戦利品としてマンダレーへ持ち帰った。この大仏を安置するため、翌1785年にMahamuni寺院が建造された。はるか昔、釈迦が生前にラカインを訪れ、その説法に深く帰依したラカイン国王が崇拝の対象とするため大仏を造らせたと伝えられている。「Maha」は「大きい」、「muni」は「大仏」を意味するという。コンバウン王朝最後の国王ティボー（Thibaw、在位1878−1885年）時代の1883年に火災で大部分を焼失し、その後1898年に再建された。現在は南参道の二箇所と西参道の三箇所に壁画が点在しているが、すべてがコンバウン時代のオリジナルではないという。

### 格天井・過去二十八仏　南参道入口天井

南参道の入口を入ると十字型の空間があり、上半分に壁画が残っている。交差部の格天井にはマンダレーの特産である金箔が施されている。周囲には過去二十八仏が見られる

### 仏伝図　南参道入口交差部北壁

釈迦の瞑想や成道《じょうどう》の場面はごく控えめに描かれており、どちらかといえば風景が主役のようである。遠近感や陰影が見られ、西洋絵画の影響を受けている可能性が高い

# 南参道（参道入口）

南参道交差部北壁
仏教の聖地ブッダガヤの Mahabodhi 寺院

南参道交差部西壁
西洋文明の流入を物語る汽車

**本生図**

西通路北壁
宮殿のある風景。マハーニパータ・ジャータカの一部と思われる

東通路北壁
「燃灯仏《ねんとうぶつ》授記本生図」

**星宿図**

西通路天井
東西通路の奥に進むと天井に星宿図が見られる。動物や乗り物などのモチーフは星座を表している。蒸気船なども描かれており、急速な社会の発展を物語る

**四苦**

東通路南壁凹部
比丘《びく》の傍らに男性が横たわる奇妙な図像である。生老病死という仏教の「四苦」に関わるモチーフだと考えられる。描かれているのはあまり目立たない場所である

## 南参道（参道中程）

### 神々と金色の船

西壁
金色の船に乗っているのは全身金色の神であり、従者を従えている。反対側には鬼神風の相貌の神がやはり金色の船に乗り従者に囲まれている

### 過去四仏

北壁
外参道と内参道の連結部分にあたり、一部は現代的なガラスモザイクに置き換えられてしまっているものの、壁画が残されている。四方に描かれた仏陀像はそれぞれ光背が異なり、過去四仏の可能性もある

### 本生図

（上）西壁　（下）東側凹部北壁　釈迦の前世を表す動物や人物像

## 西参道（参道入口寄り）

### 須弥山《しゅみせん》

東壁　本尊へ向かう西参道の途中に見られる須弥山

### 仏伝図

北側凹部西壁　風景の中に仏伝図の場面が溶け込んでいる

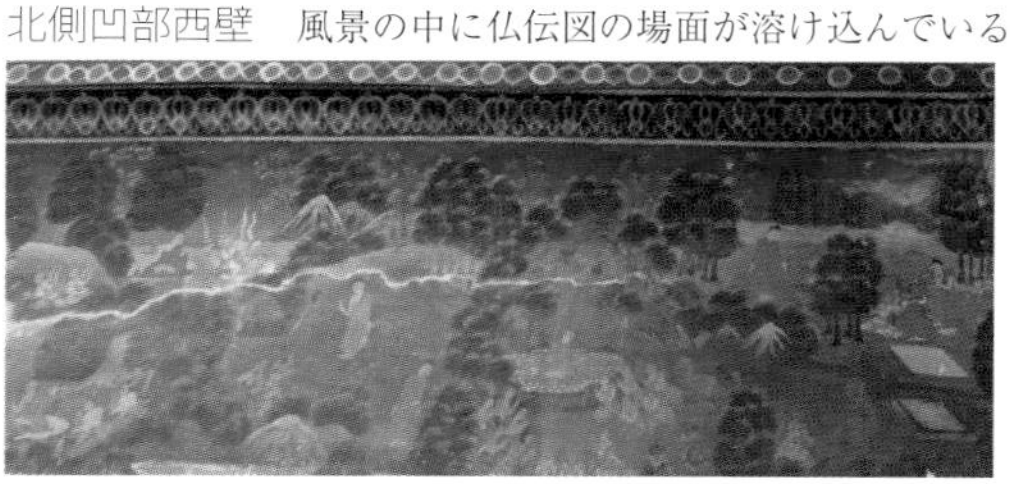

### 星宿図・過去二十八仏

北側凹部西壁
天井には星宿図が描かれている。その下には過去二十八仏が見られ、それぞれ成道の樹木を描き分けることで表現している。青い顔料をふんだんに使用した空の表現はコンバウン時代末期の特徴である

# 西参道（本尊寄り）

## 過去二十八仏・本生図の動物たち

東壁
本生図において鳥は最も神聖視される存在だという

西壁
長方形の天井は金箔を施したレリーフで装飾されている。過去二十八仏の下には鳥、象、牛、猿、犬など多くの動物が登場する。それぞれの数は、釈迦が前世でその動物に生まれ変わった回数に相当するという

# 西参道（参道中程）

**仏陀坐像** 西壁
白象と鬼神を伴う仏陀。神々と金の馬車が空を舞う

**比丘** 北壁
空を舞う神と鬼神風の相貌の神は対称的な場所に配されている。その下には比丘が一列にずらりと並んでいる。東西方向では衣を偏袒右肩《へんだんうけん》にまとっているが、南北方向では通肩《つうけん》である

## 翼を持つ人物

北東角
神々の従者の合間には翼を持つ人物像が見られる。西洋の天使に影響を受けたものと思われるが、その風貌や衣装は東洋人男性のようである。西洋文化と接触する過程で生まれた独特なモチーフである

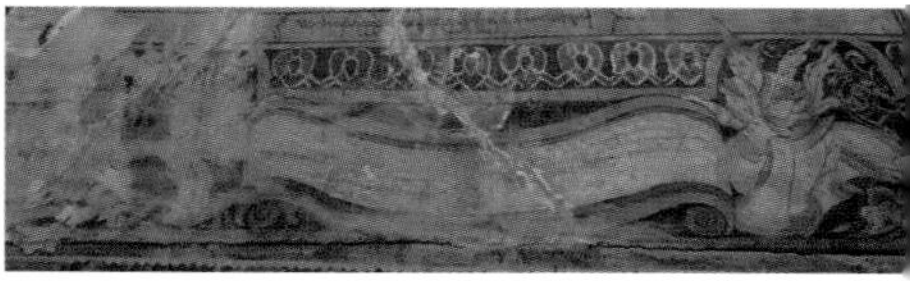

東壁
西洋的な影響が濃厚なモチーフ

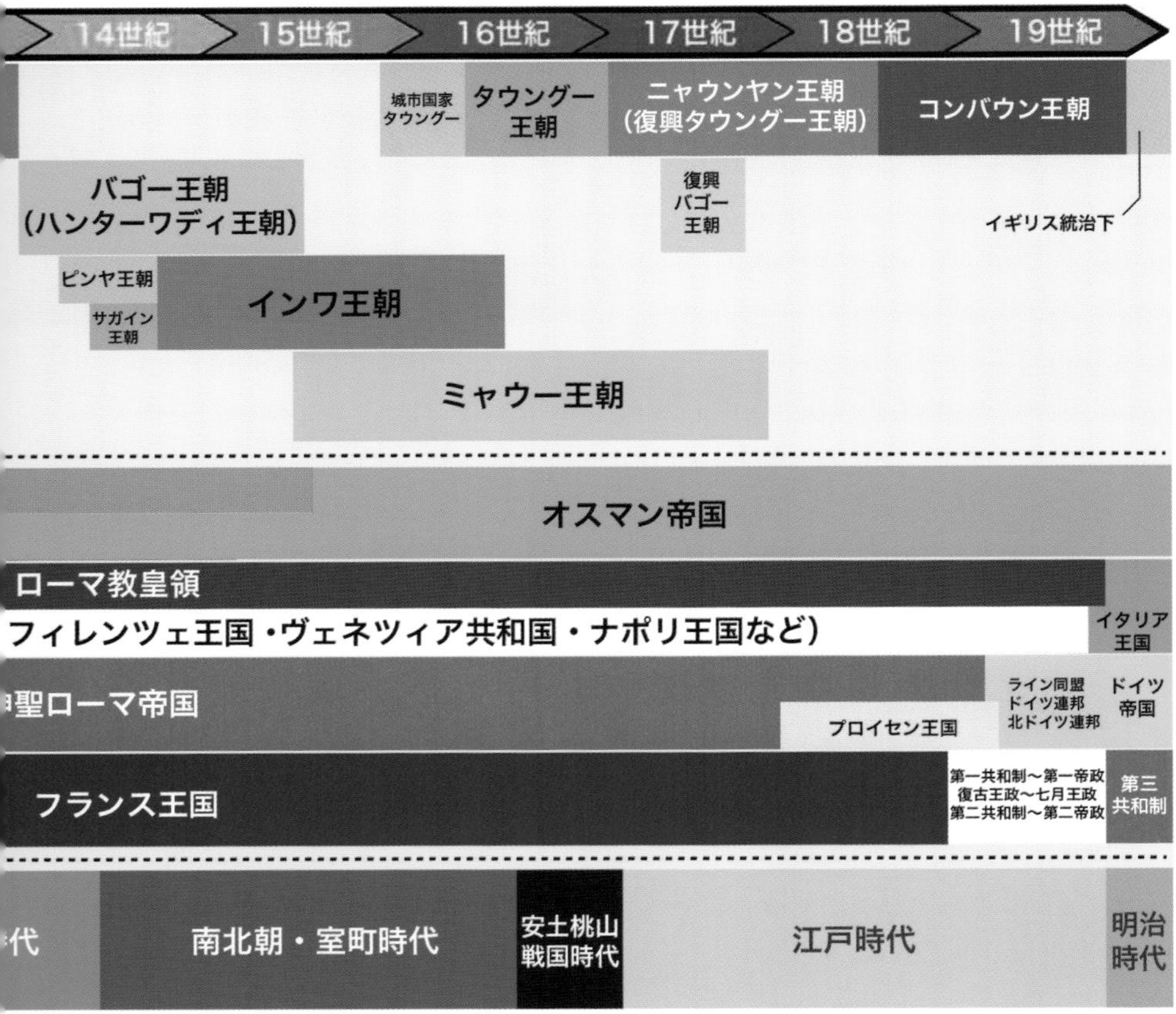

Shwe-gu-gyi（No. 1589）寺院（バガン）

あるパガン王朝は、軍事力を強化し
国力の増大に伴い、ビルマ語を含む
考古遺跡群は2019年に世界文化遺産

Shwe-nandaw 僧院（マンダレー）

コンバウン王朝はビルマ族最後の王国であり、支配地域はミャンマー史上最大規模に達した。歴代王朝と同様に仏教の保護を重視。アジア進出を図る西欧諸国との共存を模索するも、三度の英緬戦争に敗れ植民地化された。

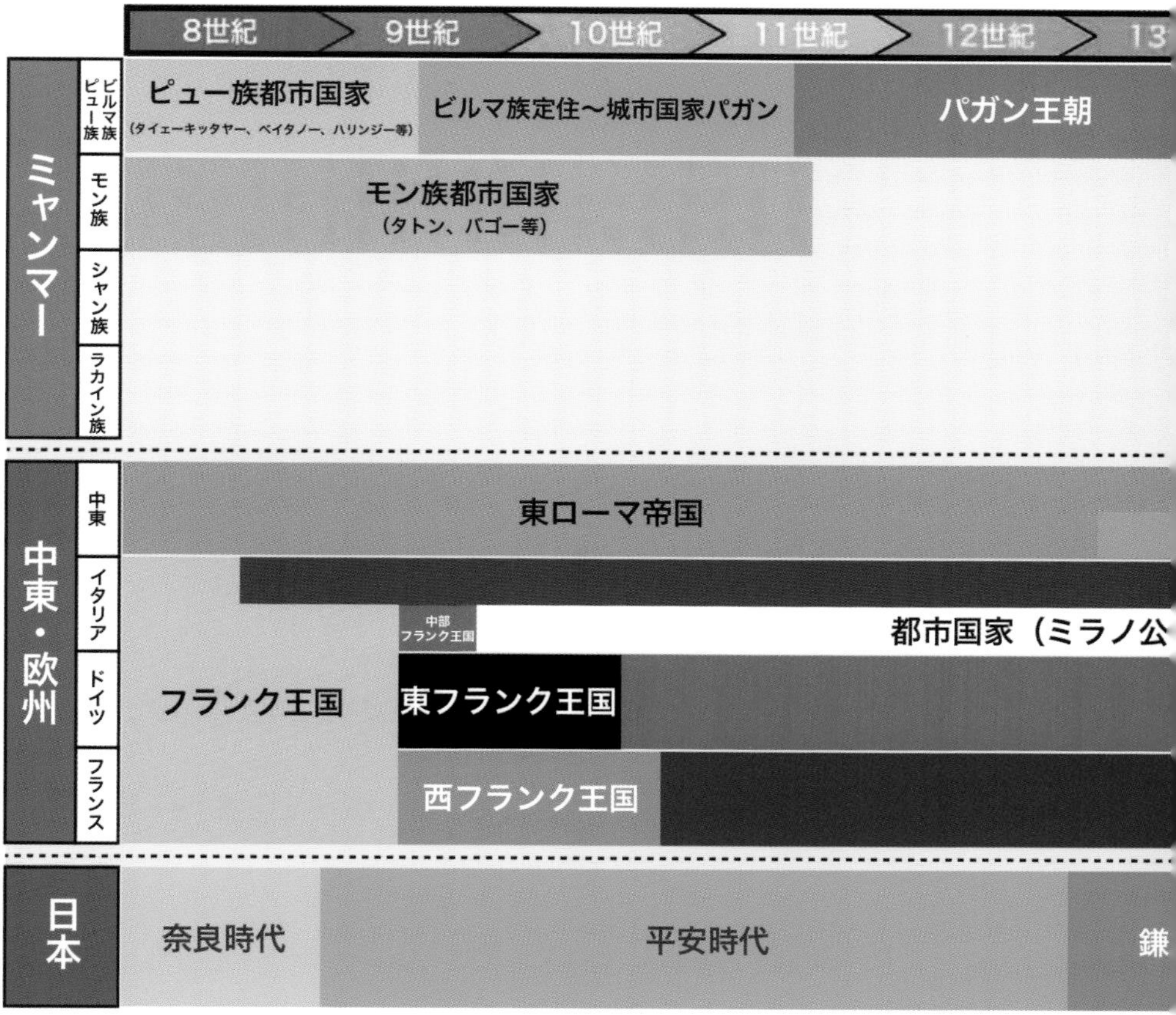

Baw-baw-gyi
仏塔
（タイェーキッタヤー）

ピュー族は古くからエーヤーワディー川流域に定着し、複数の城市国家による連合体を形成。仏教信仰と建築技術はパガン王朝に継承された。ハリン、タイェーキッタヤー、ベイタノーの各遺跡は2014年に世界文化遺産に登録。

ビルマ族による最初の統一国家で
仏教を要とする統治機構を確立。
独自の文化を発展させた。バガン
に登録。

## 観光地に行かない日本人

壁画調査の目的地はたいてい便利とはいえない場所にあり、移動には貸し切りの車と運転手が不可欠である。運転手の方々は外国人を長年相手にしているベテラン揃いで、観光名所にも詳しい。当然のように、彼らは得意とする観光地へ案内しようと意気込むのだが、来る日も来る日も依頼されるのは見たことも聞いたこともない小村ばかり。道なき道に迷い込み、愛車を泥だらけにされ、見知らぬ地元住民に絶えず聞き込みをする羽目に陥るのである。有名観光地を挙げて「明日は行くのか?」と尋ねる彼らに「いいえ、行きません」と答えるやり取りが毎日のように繰り返された。その都度、彼らは首をかしげていたものである。それでも徐々にこちらの目的と熱意を理解してくれたようで、一所懸命に寺院探しを手伝ってくれた。他には代えがたいチームメンバーである。

## お布施

各地の寺院を訪ねると、先ほどまで傍らで昼寝をしていたご老人が案内をしてくれたり、世話役と思しき旦那衆に話しかけられたりすることがある。特に地方の村々では、どこから来たのか、何を探しているのか、茶を飲んでいけ、お腹は空いていないか、などと言って大勢で取り囲み、珍しい日本人の姿に興味津々のようである。中には初めて日本人に会ったのか、一緒に写真を撮りたがる少女たちもいた。ミャンマーでは他人の親切に対し、ささやかなお礼として現金を渡すことがよくあるし、寺院では観光客からのお布施も大歓迎である。ふと思い立ってお布施をした寺院はちょうど村祭りの最中で、他の寄進者と同様、大々的に名前をアナウンス放送してくれた。人助けや寄付といった行いは大げさに考えがちだが、もっと気軽で身近なものであることを気付かせてくれた体験である。

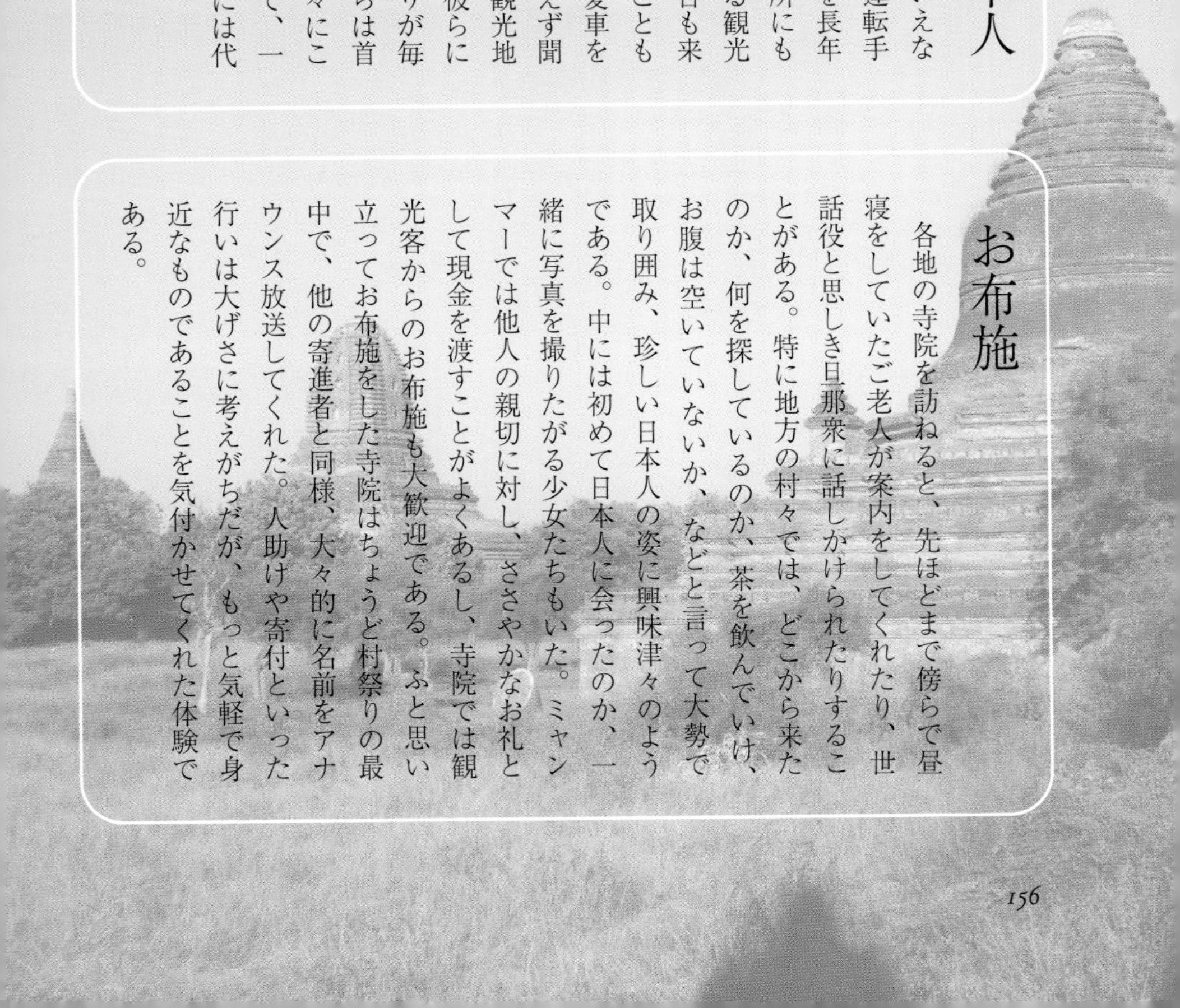

# 壁画の保存と修復

ロカティーパン寺院祠堂南面に描かれた壁画。歴史家 Bohmu ba Shin は著書の中で、寺院建立は1113年から1125年頃と位置付けており、内壁に描かれた壁画も同時期のものと考えられている。

# Ⅰ　壁画の保存修復における理念

文化財の保存修復では、対象となる作品がどのような問題を抱え、それによってどのような傷みに蝕まれているのかを十分に把握することが重要である。医療の世界に置き換えて考えてみよう。身体の調子がおかしいと思い病院に行くと、まずは問診票に記入する。医師はこの問診票をもとに診察を行い、患者の病状を判断したうえで治療方針を決定していく。保存修復の世界は、まさにこれと同じような流れをもち、作品を様々な角度から診断したうえで処置方法を決めていくという手順をとる。

壁画は、描かれた場所から動かすことのできない状態にある不動産文化財であり、基本的には現地保存が優先される。であるがゆえに、保存修復を実施するとなれば方針を組み立てるうえで様々な点に目を向けなくてはならない。制作時に使われた技法・材料が原因なのか。周辺を取り巻く環境が原因なのか。壁画が描かれている建物に問題があるのか。人為的被害によるものなのか。などである。こうした中から的確に問題点を特定するためには、ときに他の分野の専門家に協力を仰ぎ、様々な角度から検証を行うことも必要となる。

こうして導き出された結果をもとに保存修復方針を組み立てていくわけだが、ここで重要なのが、最終的に目指すべき到達点を明確にしておくことである。ここがあやふやな状態で作業に着手してしまうと、途中で方向性を見失い、結果、壁画を傷付けてしまうことにもつながりかねない。言い方を変えれば、ここで慎重にきっちりとした方針を立てておけば、大きな失敗が起こる危険性はかなり低くなるのである。

無事に保存修復作業が終わったとしても安心することはできない。この業界では、「保存修復作業の終わりは始まりを意味し、その後、文化財とどう向き合っていくのかが重要である」

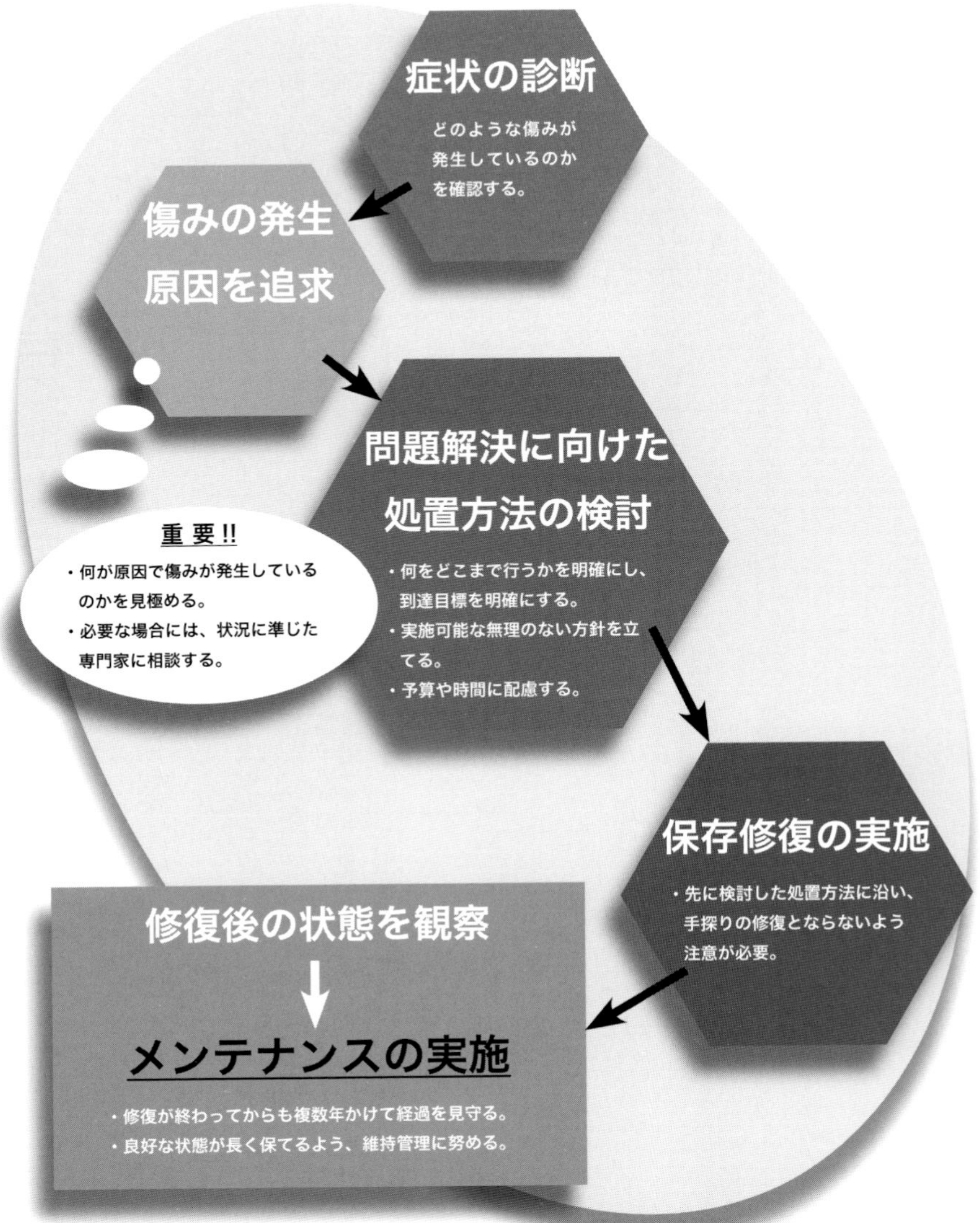
症状の診断
どのような傷みが発生しているのかを確認する。
傷みの発生原因を追求
問題解決に向けた処置方法の検討
・何をどこまで行うかを明確にし、到達目標を明確にする。
・実施可能な無理のない方針を立てる。
・予算や時間に配慮する。
重 要!!
・何が原因で傷みが発生しているのかを見極める。
・必要な場合には、状況に準じた専門家に相談する。
保存修復の実施
・先に検討した処置方法に沿い、手探りの修復とならないよう注意が必要。
修復後の状態を観察
メンテナンスの実施
・修復が終わってからも複数年かけて経過を見守る。
・良好な状態が長く保てるよう、維持管理に努める。

と、言われる。作業が終わった直後に作品が安定した状態になることは当然であり、むしろ、安定した状態を保持していくことの方が難しいとさえいえる。当然、継続的なメンテナンスが必要となることは言うまでもない。

文化財保存修復とは、先人たちより受け継いだ人類共通の遺産を後世に伝えていくことを前提に行われるものである。保存修復に従事するものは、作品のオリジナル性を尊重し、そのものが存在する意義を十分に理解しておく必要がある。これは壁画に限らず、ありとあらゆる文化財に共通して言えることだろう。

いつ、だれが、どういった目的でこの世に生み出したのか。壁画は、人々の信仰と密接に関わりながら発展を遂げてきた文化といっても過言ではなく、その背景には誕生に纏わる物語をもつものが多い。そうした性質上、わたしたちが尊重すべき要素を多分に含んでいる。であるからこそ、単に傷んだものを修理するのではなく、そのものがもつ価値を精査したうえで後世に伝えることが真の保存修復であり、修復を行う行為そのものは、その中の一過程に過ぎない。

## Ⅱ　バガン遺跡における文化財保存活動

バガンのように仏塔寺院が多く立ち並ぶ地において、それらの維持管理はいかにして行われてきたのか。保存修復士のような職業がなかった時代でも、建物の老朽化は免れないだろうし、雑草だって生えてくる。その答えは、僧侶や信者、地元住民である。大切に思う寺院だからこそ日々の手入れを欠かさず、何か問題が起きれば、直ぐに対処していたに違いない。これが現代における保存活動、維持管理に相当するものである。時代が流れ、バガン遺跡としてその価値が評価されるようになると、保存活動の中心は国の専門機関へと移された。歴史的に重要であると判断された場所には、押し寄せる観光客対策にと監視員が置かれ、寺院入り口にはもともと無かった鉄製の扉が設置された。これまで暮らしの中に溶け込んでいた仏教施設は、その機能こそ完全に失ったわけではないが、明らかに異質なものへと変化していったのである。

三千基ともいわれる数の仏塔寺院を、僅か数十名の専門家だけで維持管理していくことは難しい。仏教施設として盛んに機能していた頃の人々の関わりが、いかに重要であったかを実感せざるを得ない。

ひとつの転機としては、１９７５年に発生したM6.8の地震が挙げられる。この地震によりバガン遺跡では多くの仏塔寺院が倒壊するなど大きな被害が発生し、これを受けて国際機関による支援活動が活発化した。様々な国から専門家が派遣されると、当時のミャンマーにはなかった技術が持ち込まれ復興活動が進められた。こうした流れに沿って、壁画をはじめ、様々な種類の文化財を対象にした人材育成事業が増えていくと、現地における専門家の数も増えていった。

しかし、そこには大きな落とし穴があったことを後に知ることとなる。それは、数ヶ月の短い期間で実施される人材育成事業の枠組みの中では、保存修復に係る理念や概念までをも現地の人々に正しく伝えることはできなかったのである。その結果、教えられたことだけをただ忠実に繰り返すといった活動形式が広がり、前項で触れたような作品ごとに状態を診断し、それぞれに合った修復方法を導き出すという形がとられなかった。例え同じ時期に同じ材料を使って制作された壁画であっても、取り巻く環境が違えば、傷みの症状は異なる。当然、保存修復方法も同じであるはずがない。しかし、そういった点に注意を払わず文化財保存活動が続けられてきた結果、多くの壁画が傷み、そして失われてしまったのである。

この悲劇的な状況を生んでしまったのは、指導者的立場にあった国際機関が先を見据えた人材育成事業を運営できなかったことに責任があるといえよう。今日、こうした状況はミャンマーに限らず世界中の様々な地域にみられ、深刻な問題となっている。

# Ⅲ　ロカティーパン寺院祠堂南面壁画の保存修復

## 「本来の壁画保存修復とはどうあるべきなのか」

この点に疑問を抱いていたミャンマー宗教文化省 考古国立博物館局バガン支局より要請を受け、ロカティーパン寺院での保存修復事業をはじめたのは２０１７年のことである。バガン遺跡の中でも祈りを捧げる場として多くの信者が訪れる寺院のひとつであり、他と比較して壁画の残り具合が良いことから、歴史的な価値も高いと評されている。

しかし、この寺院も過去に行われた修復では、前項で触れたように、十分な検討がなされないまま繰り返し処置が行われてきた。保存修復を始めるにあたって実施した事前調査では、そうした処置が原因と考えられる傷みが起きていることを確認することができた。その中でも特筆すべき症状についていくつか挙げてみたいと思う。

### １９７５年に発生した地震により剥落した箇所の修復材料

地震の揺れに耐えきれず剥落してしまったプラスターの周辺に残された壁画を補強するために、エッヂングと呼ばれる処置が行われている。この処置は、壁画が描かれているプラスターと、支持体である煉瓦壁とを繋ぎ止めるものだが、オリジナルの材料と、修復材料との適合性に配慮する必要がある。しかし、ここではセメントや合成樹脂を多量に混ぜ込んだ材料が使われており、硬度や粘性率の違いからひび割れが発生している。

### クリーニング時に失われた彩色を補うための加筆

バガン遺跡の壁画の多くは、１９６０年代を中心に、その見栄えと補強を目的に「ニスがけ」とも呼ぶべき処置が、ポリ酢酸ビニルを用いて行われた。その後、バガンの壁画が持つ風合いを損なうとして、1990年代にはこれらを除去すべきであるとする国際機関からの指導が始まる。ポリ酢酸ビニルが塗布された壁画は光沢を帯びた濡れ色になるだけでなく1、時間の経過と共に変色を起こすからである。しかし、セッコ画法で描かれた壁画は、これらを除去する際に使用される溶剤に対して非常に敏感であり、経験と高い技術が必要とされる。そうとは知らず安易に処置を行った結果、オリジナルの彩色は大きく傷つけられることとなる。これに危機感を覚えた現地の専門家は、薄くかすれてしまった壁画を際立たせようと、全体的に加筆を施すことを決断する。しかし、この過程において図像は部分的に描き変えられ、本来の色調とは異なる色彩が配された。

## 壁画表面に塗布された補強材料としての合成樹脂

前述したポリ酢酸ビニルの除去に伴う問題を経験して以降も、パラロイドなど別の合成樹脂を用いた彩色層の補強は続けられた。本来、消石灰と砂を混ぜて作られたプラスターは、湿度の吸収や放出を繰り返す機能をもつ「呼吸する壁」となるが、この合成樹脂により形成された皮膜の影響から、その呼吸経路が遮断されることとなる。この結果、支持体部分からもたらされる水分は壁画表層下に留まり、彩色層の剥離や剥落2を引き起こす原因となっている。

1 壁画表面に塗布された合成樹脂による光沢

## 保存修復の目的

ここまで解説してきたバガンの状況に鑑みて、壁画の状態を安定させることを念頭においた介入方法を検討するとともに、崇拝の対象であることを尊重し、鑑賞レベルの向上も目的のひとつとして定めた。また、保存修復を進める過程において得られる様々な情報を現地専門家と共有すると共に、修復技法についてもその理念や概念を丁寧に伝えてゆくことを重要課題とした。

ここからは、「Ⅰ壁画の保存修復における理念」で説明した手順と照らし合わせながらロカティーパン寺院の保存修復を解説していきたいと思う。158頁の図と照らし合わせながら読んでもらえれば分かりやすいのではないかと思う。

## 過去の文献調査

壁画にどのような傷みが発生しているのかがある程度つかめたら、その発生原因を追求するわけだが、ひとつの手掛かりとして過去の文献を調べるという方法がある。現地専門家に、ロカティーパン寺院に纏わる書籍や記録は残っていないか問い合わせたところ、期待とはうらはらにほとんど残されていないとの答えが返ってきた。これはロカティーパン寺院に限らず、バガン考古遺跡内の寺院に共通していえることらしい。そんな中、1962年にバ・シンという人物によって出版された書籍3があることが明

2　壁画表面にみられる彩色層の剥離および剥落

3 バ・シン (Ba Shin) 著『LOKAHTEIKPAN -early burmese culture in a pagan temple-』

らかとなった。直ぐに入手して内容を確認すると、そこには当時に撮影された貴重な壁画のモノクロ写真が掲載されており、既にその時点で部分的に彩色層の剥落が発生していたことが明らかとなった 4 5 6 7。これにより、壁画にみられる傷みは、１９９０年代に行われたポリ酢酸ビニルを除去する際に発生したものだけではなく、それ以前からも起きていたことになる。すなわち、人為的な被害だけではなく、素材として経年劣化により剥落が起きる危険性を持つことが明らかとなったのである。この結果を受け、過去の修復時に塗布された合成樹脂や加筆箇所を除去するだけでなく、いかにして衰えて

4 1960年代　撮影

5 2018年　撮影

しまった彩色層や漆喰層の接着力および凝集力を高めるかという新たな課題が見付かった。

また、ロカティーパン寺院の周辺環境も大き

く変化していることがわかった。下段左の写真は、１９６０年代と２０１８年にほぼ同じ角度から同寺院を撮影したものであるが8、周辺に

6 1960 年代　撮影

7 2018 年　撮影

樹木が植栽されていることが分かる。寺院の右側にはっきりと見えていたシュエサンドー・パゴダが（上）植栽された木々により現在は視認することができない（下）。これは、１９８０年代にユネスコの専門家により、寺院やパゴダを保護するためには日陰を多く作ることが好ましいとの指導があったことに由来する。現在では、木の根の押上による建物への被害や虫の発生を促す原因となることから間違った指導であったことが証明されているが、長年に渡り進められてきた事業であったがゆえに、今のバガンを象徴する景観のひとつとなっている9。

8 （上）1960 年代撮影
（下）2018 年撮影

9 （上）1960年代にタビニュ寺院から撮影された風景
（下）2018年に同じくタビニュ寺院から撮影した風景

## 科学分析調査

文献調査に続いて行ったのが、科学分析調査である。この調査も、壁画にみられる傷みの発生原因を追求するために行われるものだが、同時に壁画が制作されたときに使われた技法や材料もある程度特定することができる。分析方法は大きく分類すると、可搬式の分析機器を現場に持ち込んで行われる非破壊調査と10、少量のサンプルを採取して研究施設などに持ち帰り行われる破壊調査の2種類がある。

「破壊」と聞くと「ちょっと待った！」と言いたくなる読者もいるのではないだろうか。確かに、破壊調査とはその名のとおり、ごく少量とはいえ壁画の一部をサンプルとして採取して（＝破壊して）行われるものである。しかし、これを頭ごなしに悪しき行為ということはできない。医療の現場でも、病気を特定するために細胞を採取して詳細な分析が行われることがあるが、それと同様に、壁画の場合にもサンプルを採取することでしか得られない情報がたくさんある。この情報を得ているか否かで、その後の保存修復方針が大きく変わることは珍しくない。もちろん、科学者の興味本位で行われる破壊調査は決してあってはならないことだが…。

この調査は、当然のことながら保存修復士が手に負えるものではなく、保存科学者と呼ばれる専門家の協力が必要となる。今回のケースでは、イタリアの大学に協力を依頼して、両方の方法を用いた分析をお願いした。その結果、使用されている顔料や補強材として壁画表層に塗布された合成樹脂の種別を特定したり、オリ

10　可搬型蛍光Ｘ線分析装置による調査風景

ジナルと後世に加筆された箇所の判別を行うことができた。こうして、保存修復士による現場検証や文献調査、現地専門家への聞き取り調査、保存科学者による分析調査、これら全ての調査結果をもとに議論しながら保存修復方針を組み立てていった。

## 保存修復の実施

### クリーニング

前述のように、ロカティーパン寺院の壁画は、過去の修復時に塗布された合成樹脂や加筆が多く残されている。一番の課題は、オリジナルとは異なるこれらの物質を壁画を傷めずいかに安全に除去するかという点だ。この壁画はセッコ画法で描かれており、過去の失敗が示すように、一歩間違えれば壁画を傷付けてしまうデリケートなものである。そこで、塗布された合成樹脂を確実に溶解する性質をもちながらも、彩色層には強く反応を示さない溶剤を選択した。しかしこの溶剤には揮発性が高いという性質があり、普通に使っては十分な反応時間を得ることはできない。まずは、この点をクリアしなければならなかった。考えた結果、水分保持力に秀でたジェル状の基材を用いて、そこに溶剤を加えたものをクリーニング箇所に貼付するパック法を導入することとした11。

溶剤の反応を促す方法は見付かったものの、合成樹脂や加筆を除去するのは容易なことではない。素人であればどこまでが加筆で、どこからがオリジナルの彩色層かの見分けもつかないのではなかろうか。そこは、長年の経験と知識が必要なところであり、同じ材料や技法を使っても、決して同じ効果を得ることは出来ない12。

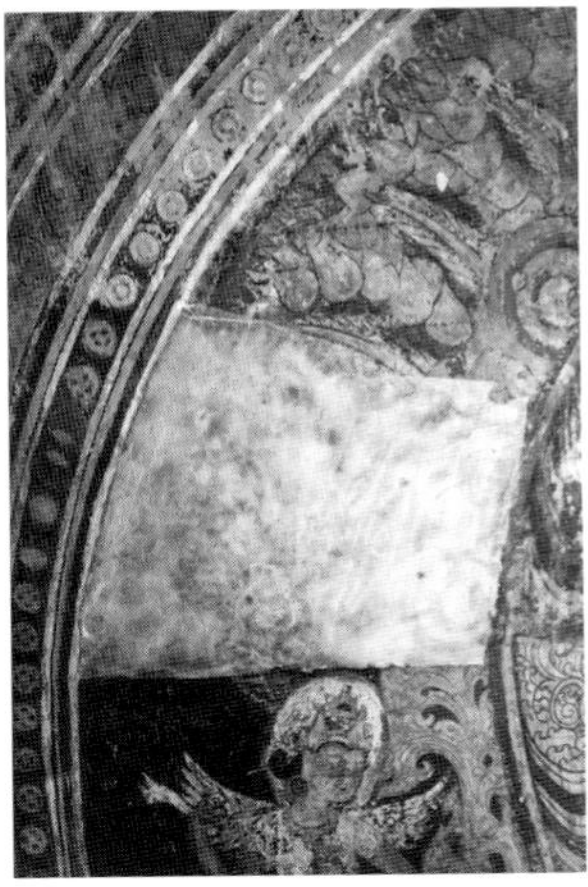

11 ジェル状の基材を用いたパック

12 （上）クリーニング前
（下）クリーニング後

13 パックが貼付されたクリーニング風景

14 クリーニングの効果

上の写真は、クリーニングの途中に撮影したものである13。ところどころ和紙を介して貼付されたパックが確認できる。画面の下層部に注目して欲しい。本来、上層部から続く白色の背景が、ある領域から灰色掛かっているのが分かる。また、右の写真はクリーニングが終わり、プラスターが乾燥した後に撮影した写真である14。衣の色に注目すると色の違いがよりはっきりと分かる。この下部のくすんだ色味こそが、過去に塗布された合成樹脂が変色したものである。除去後の色の違いをみれば、いかに壁画本来の輝きが損なわれていたかがよく分かる。

バガン考古遺跡に残る壁画の多くは、ロカティーパン寺院と同様に、合成樹脂が塗布されたものが多い。この地を訪れ、色々な寺院を巡れば、表面がテカテカとひかり輝く壁画を目にすることがあるだろう。現在ではどれも変色を起こし、作品によってはプラスターの呼吸経路が遮断されたことによる彩色層の剝離や剝落が起きている。本来であれば、傷みの原因のひとつはこの合成樹脂であることは明白であるから、除去するのが一番である。この事は、当然現地の専門家たちも気付いている。しかし、過去の失敗による苦い記憶が妨げとなりクリーニング作業を躊躇してしてしまっているのが現状だ。

確かに、文化財の保存修復は、一歩間違えれば取り返しのつかない大きなダメージを引き起こすリスクを伴う。一方で、作品や修復に使う材料の特性、傷み発生のメカニズムを理解していれば、大きな失敗は起きにくいともいえる。ミャンマーの専門家たちが不幸だったのは、国際支援活動という枠組みに縛られ、本来であれば何年もの歳月をかけて理解すべき事柄を短期間に詰め込まれたことだ。この状況を改善するには、まずは正しい保存修復方法を確立させ、次いで、正しい知識と技術を的確に伝達することが大切である。わたしたちは、単なる保存修復を行うのではなく、そういった人材育成の役割も念頭におきながらこの事業と向き合っている15。

15　現地専門家へのクリーニング指導

## 補強作業

これまで補強材として壁画の表面を覆っていた合成樹脂。クリーニングによってそれらを除去すれば当然、彩色層やプラスターがあらわとなる。それはつまり、長年空気に触れていなかった部分が触れることになり、壁画を取り巻く環境が変化することを意味する。また、ロカティーパン寺院の壁画はセッコ画法で描かれているから、彩色層やプラスターの乾燥が進むとで、剝離や剝落の危険性が高まる。先にも触れたように、もともと経年劣化による傷みが発生していたのであればなおさらである。

この状況を改善すべく、実験を重ねながら導入を決定したのが水酸化バリウムを用いた補強方法である16。この方法は、1966年にイタリアのフィレンツェで発生したアルノ川の洪水で被害を受けたフレスコ画群を修復する過程において開発された技法である。本来はフレスコ画に使用される技法だが、ロカティーパン寺院の壁画のようにセッコ画法で描かれた壁画でも、条件が揃えば使用することが可能となる。この補強方法を合成樹脂による補強方法と比較した場合に大きく異なるのは、その素材が無機物質であることから、劣化しにくい点にある。合成樹脂が経年劣化により変色や変質を起こすのに対し、水酸化バリウムは空気中の二酸化炭素と化合して炭酸バリウムを形成すると、非常に安定した状態を保つのである。

これだけ聞いていれば、素晴らしい保存修復方法であると諸手をあげて喜びたいところだが、全く問題がない訳ではない。それは、扱いが非常に難しい点にある。少し専門的な話になってしまうが、この水酸化バリウムを補強材として使うには、適切な濃度に希釈した水溶液をセルロースパウダーと混ぜ合わせ、壁画表面にパックする17。このとき、施工箇所の壁画の状態、水溶液濃度、壁面に反応させる時間などを見誤れば、壁画表面が白濁するなど取り返しのつかない問題が発生してしまう。また、壁画にパックする際には、道具などを使わず両手を使って貼付していくのだが、パックの厚みや含水率を感覚的にコントロールしなくてはならない。つまり、高い経験値が要求されるのである。

＊

この新しい技法のバガン考古遺跡への導入は今回が初めてのこととなる。今後はしっかりと経過観察をしていきたい。ロカティーパン寺院の壁画のように、過去の修復材料や修復技法が、時を経て傷みの原因となる事例が世界中で増えている。当時は最良の方法と考えられていたものが、時を経て予想外の傷みを招く。これは、時間が経過しなければ分からないし、いくらサンプルを作って実験を繰り返しても、全く同じ環境条件をそろえることはできないから、シミレーション結果も信憑性に欠ける。この問題を解決するためには、少しでも多くの修復事例から学び、使用する材料の特性を理解しながら50年後、100年後を見据えた介入を心がけることが重要である。

16　水酸化バリウムによるパック法実施前の和紙の設置

**17** 水酸化バリウムパック法の実施風景

ときにプラスターは、壁面から剝がれ落ちてしまうことがある。その理由は様々だが、代表的な原因として挙げられるのが雨漏りである。

＊

ロカティーパン寺院は、1975年に発生した地震による揺れで天井部分のプラスターを失い、建物の構造にひび割れが生じた。その隙間から雨水が流れ込み、剝落の被害が拡大した。プラスターは長時間水分を含んだ状態が続くと溶解し、支持体である壁から剝がれやすくなってしまう。こうして剝落した箇所を放置しておくと、今度はプラスターの断面から新たな傷みが発生し、被害は徐々に拡大していく。

もちろん、こうした状況を目の当たりにしながら現地専門家が放置しておくはずもなく、剝落が進まないようにエッヂングが施された。しかし、オリジナルのプラスターよりも硬度や粘性率が大きく異なったため、ひび割れが生じたことは先に触れた。

## 充填作業

今回の保存修復では、こうした剝落箇所にオリジナルのプラスターに限りなく近い材料を使って調合した充填剤を塗布し⓲、欠損箇所を埋める処置をとった。こうすることで、エッヂング以上にプラスターの断面からの傷みを抑制する効果が得られ、視覚的にも壁画全体の統一感を生み出すことができる。まさに一石二鳥の技法といえる。

⓲　充填作業の施工風景

## 補彩作業

かつて、クリーニングの失敗から彩色層を傷付けてしまい、それを隠すために大規模な加筆が行われたロカティーパン寺院の壁画。保存修復士の目と、科学分析調査の結果により、クリーニングの段階でその大部分を丁寧に除去した。その結果、加筆層の下からは何十年かの時を経て、オリジナルの彩色層が姿を露にした。すると、場所によっては同じ系統の色ではあるものの、全く色味の異なる加筆が施されていることが分かった19。

加筆が除去された壁画は、かつて「何とかして隠さねば」と人に思わせた傷みの激しい状態に戻った。連日、多くの信者が祈りを捧げるために訪れる寺院であることを考えると、とても悲しい気持ちになる。この状況を改善し、寺院を訪れる人々が観賞するにふさわしい状態に導くためには、補彩作業によって壁画全体の統一感を再構築するという方法がある。これは、加筆するのとは大きく異な

19 （上）クリーニング前の状態　（下）クリーニングにより加筆が除された状態

り、オリジナル性を尊重しながら行われるものである。

今回の補彩作業は水彩絵具で行うこととした。これは、再修復の必要性が出てきた場合にも、除去することが可能だからである。また、素材を変えることでオリジナルと保存修復箇所の差別化をはかる狙いもある。

進め方としては、彩色層が剥落して色が抜け落ちてしまっている箇所のトーンを調整していく。通常、彩色層を失えばプラスターがあらわとなり、そこが白く抜けたような状態になる。この状態で壁画を見た場合、真っ先に目に飛び込んでくるのは彩色の残った部分ではなく、この白抜けの部分となる。この部分に先に目がいくと、そのイメージを払拭して観賞することは難しい。そこで、先に彩色に目が行くように、この白抜けのトーンを徐々に落としていく。中間色法と呼ばれるこの技法は、決して欠損箇所の周辺が赤だから赤を、青だから青をといったように色を載せていくのではない。壁画全体の色合いを確認し、一番適切と思われる色調を選び、基本的には欠損箇所全体に配していくのである。

左の写真は、中間色法による補彩作業の経過状況を記録したものである20。次頁写真上は彩色層が失われ白抜けした状態。次頁写真下はおおまかな補彩が終わった状態を示す。前述したように、白く抜けた部分のトーンを調整してあげるだけで、画面の印象が大きく変わることを実感していただけるのではないだろうか。こうした補彩技法も、バガンの壁画保存修復に採用されるのは初めてのことだった。その効果を目

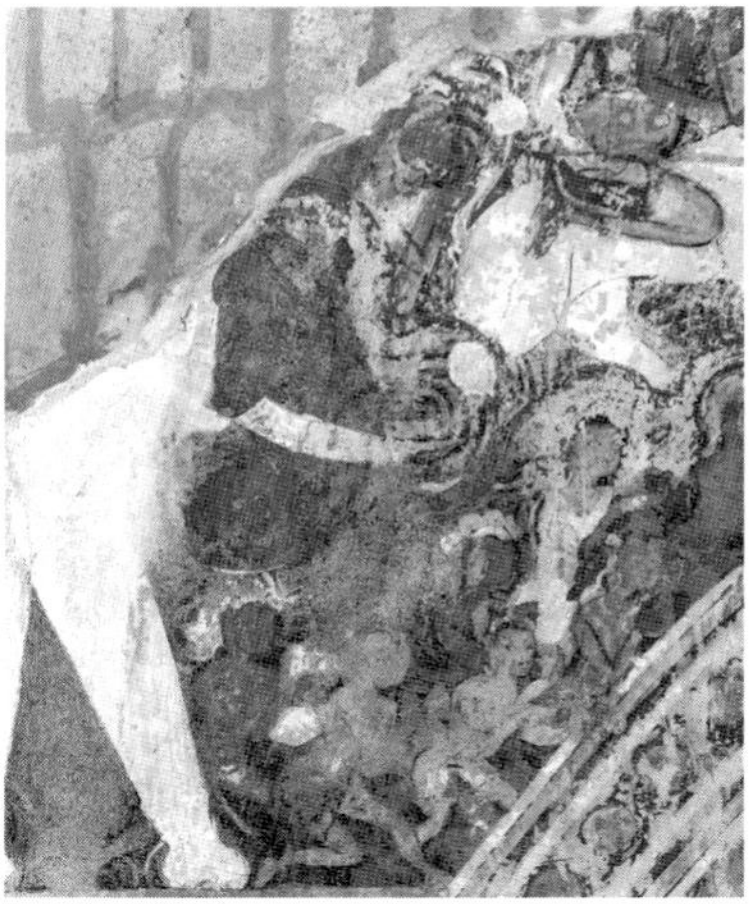

20　補彩作業の経過状況

の当たりにした現地専門家からは、驚きの声が聞かれた。加筆せずともトーンを調節するだけで、壁画のいくら技法書の中で丁寧に説明してあったとしても、実際見なければ実感できないことである。オリジナルの彩色層には手を加えず、欠損箇所のみをコントロールして行う中間色法は、傷んでしまったバガンの壁画にも有効であることが確認できた21。

21 （上）クリーニング後の状態
（下）中間色法による補彩作業後の状態

中間色法とは別に、プラスターが剥落してしまった部分に充填剤を塗布した箇所は、図像が明確に読み解ける場合のみ復元補彩法を適用した22。この技法は、その名の通り図像を復元するものである。施工するのは塗布された充填剤上のみ。また、その周辺を見てもともとどのような図像が描かれていたか読み解けない場合には、勝手なイメージで創作してはならないというルールがある。

22　（上）充填剤塗布後の状態　（中）復元補彩法実施後の状態
（下）補彩箇所の拡大図

以上のような形で、ロカティーパン寺院祠堂南面壁画の保存修復は進められている。この事業だが、実は色々な国の専門家と共同で行なっている。イタリア、スペイン、ドイツ、そして、日本にミャンマー。実に国際色豊である。この事業を通して実感するのは、国籍に係らず皆が同じ目的に向かって研究や保存修復に専念する環境があることの素晴らしさである。これにより、偏った考えに固執することなく、常に冷静な判断をすることができる。

文化財の保存修復で一番やってはいけないことは、個人の勝手な判断で方針を二転三転させること。これが、目的を共有した専門家が集うことで、起こしたくても起こせない環境が生まれる。時に喧嘩にも似た活発な意見交換が行われることもあるが、そうして皆が納得できる解決策を確認し合いながら進める保存修復は、往々にして良い結果に繋がる。

技術的なことだけではなく、こうした仕事に向かう姿勢についてもその大切さを現地の専門家には伝えている。バガン遺跡群は世界遺産であるがゆえに注目度が高く、ミャンマー国外から訪れる専門家も多い。そんな土地で活動している彼らだからこそ、ひとつひとつの機会を大切にしていってもらいたいと強く願う。世界共通の遺産を皆で協力しながら守り伝えいくことは当然の行為である。これからも文化財保存に纏わる様々な問題を解決するため、協力を続けていきたいと思う。

最後に、この保存修復事業はミャンマーの方々の支えがあってこそ成り立っている23 24。この場を借りて、心より御礼申し上げます。

23　保存修復事業を始める前には、安全を祈願して必ずお祈りがおこなわれる。

24　修復材料・道具の運搬。現地の方々の協力なくして保存修復事業は成り立たない。

## ◉用語解説

### 安居《あんご》

仏教における習慣。雨季（七月〜十月）を迎えると、比丘《びく》は外出を避けて寺院にこもり、瞑想を中心とした修行に専念する。安居の時期は実質的に前年の十一月から雨季前の六月までに受けた布施によって生活をする。雨安居《うあんご》または夏安居《げあんご》ともいう。

### 印相《いんぞう》

仏像が両手の指で作り出す形をいう。様々な種類や組み合わせがあり、それぞれ意味を持つ。ミャンマーの仏教寺院にある仏像のほとんどが右手の指先で地面に触れる「降魔《ごうま》印」を結んでおり、釈迦の成道を妨げようする魔王マーラを退ける瞬間を表している。次いで多いのが胸前で独特の形を作る「説法印」で、仏陀が説法を行うときに用いられる。

### インドラ神 Indra

元来はバラモン教やヒンドゥー教の神。仏教に取り入れられて守護神となる。ミャンマー仏教においてはすべての守護神を率いる筆頭とされる。日本では帝釈天と呼ばれる。

### ヴァジュラ Vajra

インドラ神の持物とされる武器。パガン時代の寺院においては、魔除けのモチーフとしてストゥッコ装飾や壁画に採用された。金剛杵《こんごうしょ》ともいう。

### ヴィヤーラ Vyāla

古代インド以来の想像上の生物で、虎、象、鳥など複数の動物を組み合わせた身体を持つ。ミャンマー仏教美術では後ろ脚で立ち上がる獅子のような体勢を取ることが多い。

### 火焔状装飾《かえんじょうそうしょく》

パガン時代の仏教寺院の入口や窓などのアーチに施される火焔状の装飾。十二世紀までは一重だったが、十三世紀以降には二重となる。ミャンマーでは、本生図の説話に登場する主人公ヤマ王子の手の指（Prince Yama's fingers）をかたどったものとも解釈されている。

### 過去四仏《かこしぶつ》

過去二十八仏のうち、釈迦を含む最後の四人の仏陀を指す。寺院の四方に仏像を安置する場合は、概ね過去四仏であると考えてよい。北に倶留孫《くるそん》仏、東に倶那含牟尼《くなごんむに》仏、南に迦葉《かしょう》仏、西に釈迦牟尼《しゃかむに》仏が祀られている。

### 過去二十八仏《かこにじゅうはちぶつ》

釈迦以前に成道に至った仏陀が

二十七人存在したという仏教の考え方に基づき、最後の釈迦を含めて二十八躯の仏陀として表現する。

## ガルダ　Garuda

古代インド以来の神鳥。ヒンドゥー教においてはヴィシュヌ神の乗りものでもある。パガン時代の壁画には見られず、コンバウン時代以降に流行した。

## 灌水《かんすい》

仏伝図の一主題。「七歩」のあと、シッダールタ太子（釈迦）の身体には温冷二種の水が注がれた。壺から水を注ぐのはブラフマー神とインドラ神であることが多い。

## キンナラ、キンナリー　Kinnara, Kinnarī

古代インド以来の音楽・舞踊の神。ミャンマー仏教美術では上半身が人間、下半身が鳥の姿をした半人半鳥である。雄（キンナラ）と雌（キンナリー）の対で表現されることが多い。本尊の左側に雄、右側に雌が配される。

## 草刈り人の布施《くさかりにんのふせ》

仏伝図の一主題。釈迦は成道に向けた最後の瞑想のため菩提樹に向かった。そこで草刈り人から、菩提樹の根元に敷くため一束の草を受け取る。

## 降魔印《ごうまいん》

印相の一つ。ミャンマー仏教美術で最も多く見られる。右手の指先で地面に触れた瞬間、魔王マーラを退散させ成道に至る様子を表している。触地《そくち》印ともいう。

## 降魔成道《ごうまじょうどう》

釈迦八相図の一つ。釈迦の成道を魔王マーラが妨げようとするが、釈迦はそれを退け、その瞬間に悟りに到達（成道）する。

## 三道宝階降下《さんどうほうかいこうげ》

釈迦八相図の一つ。亡き母マーヤー夫人《ぶにん》のため須弥山の頂上にある忉《とう》利天《りてん》（天界）へ赴いた釈迦が、説法を終えて地上界へ戻るという主題である。金、銀、瑠璃でできた階段が現れ、ブラフマー神とインドラ神を伴って地上界へ帰還する様子を描く。

## 四大事《しだいじ》

仏伝図の中で最も重要な四つの主題。「誕生」「降魔成道」「初転法輪」「涅槃」を指す。

## 七歩《しちほ》

仏伝図の一主題。釈迦は誕生後すぐに七歩歩み、全世界に自らと等しい存在がいないことを示した。

### 四天王奉鉢《してんのうほうはつ》

仏伝図の一主題。成道に至った釈迦は、商人からの布施を受けるための鉢がなかったため、四天王がそれぞれ鉢を携えて現れる。

### 四仏塔《しぶっとう》

ミャンマー仏教では釈迦の仏舎利が四箇所の仏塔に分けて安置されたと伝えられる。ナーガ国、神々の天界、中国、セイロン国（スリランカ）の仏塔である。壁画ではナーガ国と神々の天界、中国とセイロン国が対となるよう図像を配置する場合が多い。

### 四門出遊《しもんしゅつゆう》

仏伝図の一主題。王宮の外に出掛けたシッダールタ太子は、老人、病人、死人に出会い、人生の苦しみに思い悩む。最後に比丘に出会ったことから、出家への決意を固めることになる。生老病死の「四苦」の考え方はこの主題に由来する。

### 舎衛城の神変《しゃえいじょうのしんぺん》

釈迦八相図の一つ。異教徒を仏教に帰依させるため釈迦が見せた奇跡のこと。「千仏化現《せんぶつけげん》」や「双神変《そうじんぺん》」がよく知られている。

### 釈迦八相図《しゃかはっそうず》

釈迦の生涯を描いた仏伝図より八つの重要な主題、いわゆる八大事を取り上げたもの。「誕生」「降魔成道」「初転法輪」「舎衛城の神変」「獼猴奉蜜」「酔象調伏」「三道宝階降下」「涅槃」から構成される。パガン時代の壁画では「獼猴奉蜜」「初転法輪」「酔象調伏」の組み合わせが本尊の左側に、「誕生」「舎衛城の神変」「三道宝階降下」の組み合わせが仏像の右側に配される。また、「涅槃」は単独で高い位置に描かれる。「降魔成道」は本尊によって表現されるものとされ、壁画として描かれる例は限られている。

### 出家踰城《しゅっけゆじょう》

仏伝図の一主題。出家を決意したシッダールタ太子が愛馬に跨り、王宮を後にする。妃ヤショーダラと生まれたばかりの王子の寝姿に別れを告げる場面とともに描かれることが多い。

### 須弥山《しゅみせん》

仏教において宇宙の中心に存在するとされる山。その頂上には忉利天（天界）がありインドラ神が住まう。須弥山の周囲を七つの山「七金山《しちこんせん》」が取り囲んでおり、宇宙の最も外側にあるのが「鉄囲山《てっちせん》」である。仏教美術では須弥山を横からの断面図で表し、「三道宝階降下」の場面を組み合わせることが多い。

### 成道後七週間の瞑想《じょうどうごなしゅうかんのめいそう》

成道に至った釈迦は、その後一週間ごとに場所を変え、七週間に渡り瞑想三昧の日々を過ごした。「ドラゴン・パゴダ」のモチーフとして知られる「ムチリンダ竜王の護仏」の説話も含まれる。

### 初転法輪《しょてんぽうりん》

釈迦八相図の一つ。成道後に釈迦が初めての説法を行う。

### 酔象調伏《すいぞうちょうぶく》

釈迦八相図の一つ。狂暴な象が釈迦の前ではおとなしくなったという伝説を描く。悪人や獣、ナーガの調伏を行う「八つの調伏」の一つにも数えられる。

### 水瓶《すいびょう》

仏教美術で用いられる吉祥文様。丸い壺の形をしており、植物があしらわれる。仏教における成道とともにあらゆる善いことが降り注がれることを象徴する。満瓶または宝瓶とも呼ばれる。

### スジャータの布施《すじゃーたのふせ》

仏伝図の一主題。苦行によって身体の弱ったシッダールタ太子に対し、村娘スジャータが乳粥を捧げる。

### 説法印《せっぽういん》

印相の一つ。転法輪《てんぽうりん》印とも呼ばれる。ミャンマー仏教美術においては、左手で小さな円形を作り右手を添える。この円形は法輪（仏法）を表し、それが回転を始めることで仏教が世界に広がっていく様子を示している。

### 占相《せんそう》

伝図の一主題。赤子のシッダールタ太子の将来を占わせるため、父王シュッドーダナがアシタ仙人に我が子を見せる。

### 千仏化現《せんぶつけげん》

「舎衛城の神変」の一つ。釈迦が一瞬で無数の化仏を生み出す様子を表す。

### 双神変《そうじんぺん》

「舎衛城の神変」の一つ。釈迦が生み出した化仏または自らの身体から火や水を発出させる様子を表す。

### 托胎霊夢《たくたいれいむ》

仏伝図の一主題。釈迦の母マーヤー夫人は、白象が胎内に入る夢を見て懐妊を知ったという。

## 誕生《たんじょう》

釈迦八相図の一つ。シッダールタ太子が母マーヤー夫人の右脇腹から生まれる場面を描く。マーヤー夫人はアショーカ樹の枝を執り、妹マハープラジャーパティーが寄り添う。

## 通肩《つうけん》

衣で両肩を覆うこと。説法や坐禅、托鉢の際にこの姿をとる。通両肩、通被ともいう。

## 忉利天の説法《とうりてんのせっぽう》

亡き母マーヤー夫人への説法のため、釈迦は須弥山の頂上にある忉利天へ昇っていく。忉利天は三十三天とも呼ばれる。

## ナーガ Nāga

古代インド以来のコブラを神格化した神。ドラゴンや竜王などとも訳されることがあるが、東アジアの竜とは異なり、蛇身で描かれる。ミャンマーではナガー（Nagar）と呼称する。竜女の場合はナーギー（Nāgī）という。

## 二大弟子《にだいでし》

本尊の左右に脇侍として控える二人の弟子をいう。本尊の左側には全知全能の舎利弗《サーリプッタ》（ビルマ語名：Shin Thar Ri Pote Ta Ra）、右側には神通力を持つ目犍連《モッガラーナ》（ビルマ語名：Shin Mauk Ka Lan）が配される。

## 涅槃《ねはん》

釈迦八相図の一つ。釈迦が身体を横たえ入滅する場面を描く。涅槃像の場合は、頭が北を向き、両足の爪先が揃い、足の裏から文様が消えるという特徴を示す。よく似たモチーフに釈迦の休息を表す「寝釈迦」があるが、実際はこれらの特徴からは判別することが難しい例も多い。

## 燃灯仏授記本生図《ねんとうぶつじゅきほんじょうず》 Dīpaṃkara Jātaka

本生図の一つで、かつ、すべての本生図の起点となる重要な説話主題である。釈迦が前世でバラモンの修行者だったとき、過去仏である燃灯仏から将来仏陀になることを予言される。燃灯仏の前に自らの身体を投げ出す場面が描かれる。

## 納妃《のうひ》

仏伝図の一主題。シッダールタ太子とヤショーダラ妃との婚礼を描く。コンバウン時代には特に華やかな祭典や宮殿の様子を描くことが好まれた。

## 八大事《はちだいじ》

仏伝図の中で最も重要な八つの主題。「誕生」「降魔成道」「初転法輪」「舎衛城の神変」「獼猴奉蜜」「酔象調伏」

「三道宝階降下」「涅槃」を指す。

## ハンサ

Hamsa

ヒンドゥー教のブラフマー神の乗りもので、仏教では聖鳥とされる。鋭いくちばしと大きな脚を持ち、長距離を高速かつ不休で飛ぶことができるという。バガン考古支局職員によれば、その速さが人生の死を想像させると考えられることから、主として寺院に見られるモチーフである。

## 仏足跡

ぶっそくせき

釈迦の足跡を図像化したモチーフ。仏像制作がまだ行われていなかった時代に、釈迦の存在を象徴的に示すために生まれたという。足の裏には仏教の象徴や吉祥文様が刻まれている。パガン時代の寺院においては「涅槃」を象徴する図像として建物の北側に配されることが多い。パガン時代には両足が揃っているのが基準だったが、ニャウンヤン時代からコンバウン時代にかけては片足のみの例も多い。

## 仏伝図

ぶつでんず

釈迦の生涯を表現した主題を指す。このうち八つの重要な主題、いわゆる八大事を取り上げたものが釈迦八相図である。

## ブラフマー神

Brahmā

ヒンドゥー教において宇宙の想像を司る神。仏教に取り入れられて守護神となる。日本では梵天と呼ばれる。

## 偏袒右肩

へんたんうけん

衣で左肩を覆い、右肩を露わにすること。弟子が師に対するときに敬意を表す姿とされる。

## 本生図

ほんじょうず・Jātaka

本生は釈迦の前世の話をまとめたもので、全547話から成る。本生譚《ほんじょうたん》ともいう。特に第538話から第547話までを「マハーニパータ・ジャータカ」と呼ぶ。

## マカラ

Makara

古代インド以来の空想上の水棲生物。豊穣多産など吉祥文様でもあり、魔除けの象徴としてしばしば寺院の入口や窓に配される。

## 魔衆の攻撃・魔衆の敗退

ましゅうのこうげき・ましゅうのはいたい

それぞれ前後する仏伝図の主題である。釈迦の成道を妨げようとして魔王マーラが率いる魔衆が攻撃を仕掛けるが、釈迦に退けられ撤退する。本尊の左側に魔衆の攻撃、右側に魔衆の敗退が配される。パガン時代の寺院においては建物の西側に見られることが多い。内陣に過去四仏の仏像を安置する際、釈迦仏が西側に置かれることに対応した配置であろう。

### マハーニパータ・ジャータカ
Mahānipāta Jātaka

本生全547話のうち、最後の第538話から第547話までの十話を指す。成道に至る釈迦に最も近い前世であるため特に重視される。ニャウンヤン時代からコンバウン時代にかけて、壁画に多く採用された。第538話「ムーガパッカ（Mūga-Pakkha）本生」、第539話「マハージャナカ（Mahājanaka）本生」、第540話「サーマ（Sāma）本生」、第541話「ニミ（Nimi）本生」、第542話「カンダハーラ（Khaṇḍahāla）本生」、第543話「ブーリダッタ（Bhūridatta）本生」、第544話「マハーナーラダカッサパ（Mahānāradakassapa）本生」、第545話「ヴィドゥラパンディタ（Vidhura Paṇḍita）本生」、第546話「マホーサダ（Mahōsadha）本生」、第547話「ヴェッサンタラ（Vessantara）本生」から構成される。

### 獼猴奉蜜《みこうほうみつ》

釈迦八相図の一つ。一匹の猿が釈迦に蜜を差し出す場面を描く。

### ムチリンダ竜王の護仏《むちりんだりゅうおうのごぶつ》

成道後の釈迦が池のほとりで瞑想を続けていると嵐が起こり、池からナーガ（ムチリンダ竜王）が出現し、自らの身体で風雨から釈迦を守ったという。この様子は「ドラゴン・パゴダ」と呼ばれ、特に東南アジアで好まれる図像である。

### 八つの調伏《やっつのちょうぶく》

仏伝図より、釈迦が悪人や獣を改心させ仏教に帰依させる主題を集めたもの。「アングリマーラの改悛」「酔象調伏」「夜叉アーラヴァカの帰依」「降魔成道」「バカ梵天に対する説法」「ナンダ・ウパナンダ竜王の調伏」「サッチャカに対する説法」「チンチャマーナヴィカーの誣告《ぶこく》」から構成される。

### 蓮蕾状文様《れんらいじょうもんよう》

蓮華の蕾の形状を模した連続文様はパガン時代に登場し、外壁のストゥッコ装飾や壁画にほぼ例外なく採用されている。

※神々や説話主題のカタカナ表記にはサンスクリット語もしくはパーリ語に基づく一般的な呼称を用いた。

## ◉参考文献

石井米雄・桜井由躬雄編『新版世界各国史5　東南アジア史I』山川出版社、1999年。

池田正隆『ビルマ仏教―その歴史と儀礼・信仰』法藏館、1995年。

伊東利勝「十八世紀エーヤーワディー中流域世界における異人のイメージ」『愛大史学』第25号、2016年、29-76頁。

伊東照司『東南アジア美術史』雄山閣、2007年。

伊東照司『東南アジア仏教美術入門』雄山閣、1985年。

大野　徹『謎の仏教王国パガン　碑文の秘めるビルマ千年史』日本放送出版協会、2002年。

大野　徹「ビルマの壁画―パガン時代を中心として―」『東南アジア研究』11巻3号、1973年、360-381頁。

大野　徹「ビルマの壁画（II）―パガン時代を中心として―」『東南アジア研究』12巻1号、1974年、78-90頁。

大野　徹「ビルマの壁画（III）―ニャウンヤン時代を中心として―」『東南アジア研究』14巻2号、1976年、270-285頁。

大野　徹「ビルマの壁画（IV）―コンバウン時代を中心として―」『東南アジア研究』14巻3号、1976年、442-460頁。

大野　徹『パガンの仏教壁画』講談社、1978年。

桐山　昇・栗原浩英・根本　敬『東南アジアの歴史〔新版〕―人・物・文化の交流史』有斐閣、2003年。

白石凌海『仏陀　南伝の旅』講談社、2010年。

田中公明『仏教図像学　インドに仏教美術の起源を探る』春秋社、2015年。

東京文化財研究所『平成25-27年度　文化庁委託文化遺産国際協力拠点交流事業　ミャンマーにおける文化遺産保護に関する拠点交流事業報告書』2016年。

東京文化財研究所『ミャンマー・バガン遺跡における寺院壁画の保存に向けた外壁調査と保存修復方法の研究　平成28年度成果報告書』２０１７年。
中村　元・福永光司・田村芳朗・今野　達・末木文美士編『岩波　仏教辞典　第二版』岩波書店、１９８９年。
中村　元・久野健監修『仏教美術事典』東京書籍、２００２年。
日本佛教学会編『仏教事典』丸善出版、２０２１年。
根本　敬『物語ビルマの歴史』中央公論新社、２０１４年。
朴亨國監修『東洋美術史』武蔵野美術大学出版局、２０１６年。
前川　佳文・Murphy, Daniela Maria・Franceschini, Stefania・Kyi Lin「ミャンマー共和国バガン遺跡　ロカティーパン寺院壁画の保存修復と国際協力事業」『保存科学』第60号、２０２０年、99－１１０頁。
山口洋一『歴史物語ミャンマー（上）独立自尊の意気盛んな自由で平等の国』カナリア書房、２０１１年。
山口洋一『歴史物語ミャンマー（下）独立自尊の意気盛んな自由で平等の国』カナリア書房、２０１１年。
Amadori, Maria Letizia & Raspugli, Valentina, *Non Invasive and Micro Invasive Investigations on Constitutive Materials from Pagodas n.1580 Lokahteikpan Pagán Valley (Myanmar)*, Department of Pure and Applied Sciences, University of Urbino, 2017.
Archaeological Department, Ministry of Culture, *Shayyoe Myanma Bagyi (in Burmese)*, Rangoon, 1966.
Ba Shin, *Lokahteikpan : Early Burmese Culture in a Pagán Temple*, Rangoon University Press, 1962.
Bautze-Picron, Claudine, *The Murals of Temple 1077 in Pagan (Burma) and their innovative Features*, 2010, URL: https://hal.archives-ouvertes.fr/hal-00638395（最終アクセス２０１９年3月18日）.
Botticelli, Guido, *Metodologia di pulitura per Pitture Murali e di Consolidamento con un Materiale Minerale (Idrato di Bario), in 'Il Restauro nelle Opere d'Arte', Atti del Convegno*, Accademia Nazionale Virginiana, Mantova, 1987, pp. 43-53.
Botticelli, Guido, *Metodologia di Restauro delle Pitture Murali*, Centro Di, Florence, 1992.
Botticelli, Guido, *Metodologia di Restauro delle Pitture Murali*, StreetLib, Florence, 2020.
Green, Alexandra, *Deep change? Burmese Wall Paintings from the Eleventh to the Nineteenth Centuries*, The Journal of

Burma Studies, Volume 10, 2005, pp. 1-50.

Green, Alexandra, *The Narrative Murals of Tilokaguru Cave-Temple. A Reassessment after Jane Terry Bailey*, SOAS Bulletin of Burma Research, Volume 3, No. 2, 2005, pp. 246-283.

Green, Alexandra, *Earning Merit: Burmese Temple Wall Paintings*, The Journal of the Asian Arts Society of Australia, Volume 20, No. 2, 2011, pp. 7-9.

Munier-Gaillard, Christophe & Myin Aung, *Burmese Buddhist Murals. Volume 1. Epigraphic Corpus of the Powin Taung Caves*, Bangkok, White Lotus Press, 2007.

Munier-Gaillard, Christophe, *Importance and role of Bagan in the history of painting in Burma: 15th to early 19th c. Buddhist narrative murals,* 2017, URL: https://www.soas.ac.uk/saaap/news/file124889.pdf（最終アクセス２０１９年３月18日）.

Munier-Gaillard, Christophe, *La représentation des Portugais dans la peinture murale de Birmanie (styles Nyaungyan des XVIIe et XVIIIe siècles)*, 2018, URL: https://124revue.hypotheses.org/files/2018/06/01.-Cristophe-Munier-Gaillard.pdf（最終アクセス２０１９年３月18日）.

Pichard, Pierre, *Inventory of Monuments at Pagan. Volume One. Monuments 1-255*, Paris/Gartmore, Unesco/Kiscadale Ltd., 1992.

Pichard, Pierre, *Inventory of Monuments at Pagan. Volume Two. Monuments 256-552*, Paris/Gartmore, Unesco/Kiscadale Ltd., 1993.

Pichard, Pierre, *Inventory of Monuments at Pagan. Volume Three. Monuments 553-818*, Paris/Gartmore, Unesco/Kiscadale Ltd., 1994.

Pichard, Pierre, *Inventory of Monuments at Pagan. Volume Four. Monuments 819-1136*, Paris/Gartmore, Unesco/Kiscadale Ltd., 1994.

Pichard, Pierre, *Inventory of Monuments at Pagan. Volume Five. Monuments 1137-1439*, Paris/Gartmore, Unesco/Kiscadale

Ltd., 1995.

Pichard, Pierre, *Inventory of Monuments at Pagan. Volume Six. Monuments 1440-1736*, Paris/Gartmore, Unesco/Kiscadale Ltd., 1996.

Pichard, Pierre, *Inventory of Monuments at Pagan. Volume Seven. Monuments 1737-2064*, Paris, Unesco/École française d'Extrême-Orient, 1999.

Pichard, Pierre, *Inventory of Monuments at Pagan. Volume Eight. Monuments 2065-2834*, Paris, Unesco/École française d'Extrême-Orient, 2001.

Than Tun, *Buddhist Art and Architecture with Special Reference to Myanma*, Yangon, Monywe, 2002.

Than Tun & U Aye Myint, *Ancient Myanmar Designs*, Bangkok, iGroup Press Co., Ltd., 2011.

Tokyo National Research Institute for Cultural Properties, *Lokahteikpan Wall Painting Project, pagoda 1580. Capacity Building Report; study, risk assessment and intervention proposal of the wall paintings decorating the southern wall of Lokahteikpan 'adorning the world from above' Pagoda 1580. Archaeological zone of Bagan, Myanmar*, Tokyo, 2021.

Zari, Donatella & Giantomassi, Carlo, *Conservation of mural paintings and stuccoes. Pagan, burma,* ICCROM, Rome,1985.

## ●図版　出典一覧（本書に掲載の図版は以下より引用し一部改変したものである）

図4・10・26・27・34・35：Pichard, Pierre, *Inventory of Monuments at Pagan. Volume One. Monuments 1-255*, Paris/Gartmore, Unesco/Kiscadale Ltd., 1992, p. 129 ( 図 34), p. 134 ( 図 4), p. 240 ( 図 10), p. 274 ( 図 27), p. 267 ( 図 35), p. 339 ( 図 26).

図3・13・14・16・21・30：Pichard, Pierre, *Inventory of Monuments at Pagan. Volume Two. Monuments 256-552,* Paris/Gartmore, Unesco/Kiscadale Ltd., 1993, p. 61 ( 図 13), p. 86 ( 図 30) p. 169 ( 図 3), p. 291 ( 図 16), p. 297 ( 図 21), p. 300 ( 図 14).

図12・15・17・22・25：Pichard, Pierre, *Inventory of Monuments at Pagan. Volume Three. Monuments 553-818,* Paris/Gartmore, Unesco/Kiscadale Ltd., 1994, p. 35 ( 図 15), p. 156 ( 図 12), p. 161 ( 図 22) p. 167 ( 図 17), p. 203 ( 図 25).

図28：Pichard, Pierre, Inventory of Monuments at Pagan. Volume Four. Monuments 819-1136, Paris/Gartmore, Unesco/Kiscadale Ltd., 1994, p. 89 ( 図 28).

図2・5・11・19・20・23：Pichard, Pierre, *Inventory of Monuments at Pagan. Volume Five. Monuments 1137-1439*, Paris/Gartmore, Unesco/Kiscadale Ltd., 1995, p. 16 ( 図 23), p. 22 ( 図 19), p. 26 ( 図 11), p. 48 ( 図 20), p. 87 ( 図 2), p. 242 ( 図 5).

図1・6・7・8・9・24：Pichard, Pierre, *Inventory of Monuments at Pagan. Volume Six. Monuments 1440-1736*, Paris/Gartmore, Unesco/Kiscadale Ltd., 1996, p. 40 ( 図 9), p. 61 ( 図 24), p.115 ( 図 7), p. 165 ( 図 8), p. 198 ( 図 6), p. 244 ( 図 1).

図18・29・32：Pichard, Pierre, *Inventory of Monuments at Pagan. Volume Seven. Monuments 1737-2064*, Paris, Unesco/École française d'Extrême-Orient, 1999, p. 151 ( 図 18), p. 291 ( 図 29), p. 332 ( 図 32).

図31・33：Pichard, Pierre, *Inventory of Monuments at Pagan. Volume Eight. Monuments 2065-2834*, Paris, Unesco/École française d'Extrême-Orient, 2001, p. 76 ( 図 33), p. 130 ( 図 31).

# あとがき

前川 佳文

東京文化財研究所の一員として、バガン考古遺跡群の文化遺産保護に係る協力事業のためにミャンマーに渡ったのは今から7年前のことになる。初めて訪れたバガンの地は、広大な自然の中に数百年前に建てられた煉瓦造の仏塔寺院がいくつも立ち並び、そんな遺跡とともに暮らす現地の人々の姿があり、目の前に広がる景色は日本の生活とは大きくかけ離れたまさに異世界であった。いにしえの姿を今に伝える独特な世界観は訪れる人々を魅了する。今となっては通いなれたバガンの地だが、その感覚は今も変わらないから不思議である。

そんな魅力的なバガン遺跡だが、仕事となると苦労も多い。私の専門である壁画の保存修復においても、現地の要望に応えながら実現可能な計画を立てることは容易でなかった。本書の中でも少し触れたが、文化遺産保護に係る国際協力事業では、自国のノウハウを対象国に持ち込み、その効果が十分に発揮されないまま終わりを迎えるものが多い。ここでいうところの「効果」とは、対象となる文化財そのものの保存に係る効果のみならず、保存に対する理解力向上への効果も意味する。現地の人々に一つ一つの取組みを理解してもらい、その効果を確認してもらいながら進めていく今回の事業は困難を極めた。この取組みはまだ道半ばではあるが、7年が経過した現在、ようやくその手応えが実感できるようになってきた。

本書に掲載されている「壁画調査の記録」も、こうした取組みの一環としてはじめたことである。私は、壁画の保存修復と同様に、それぞれの壁画がなぜ描かれたのか、また描かれた図像は何を意味するのかを把握することも重要であると感じていた。なぜなら、現地の人々にとって昔から身近にある壁画を守り伝えていくことがいかに大切なことなのかを再認識してもらえるのではないかと考えたからだ。膨大な数の壁画を、私たち専門家だけで守り伝えていくことなど不可能である。つまりは現地の人々の協力なくして真の文化遺産保護などありえない。「文化財を守り後世に伝える」とは、単に物質的にものを残すことではなく、そのものに関わるありとあらゆる要素を総合的に伝承していくことを意味する。だからこそ、文化財とともに暮らす現地の人々に正しい価値を認識してもらうことが重要だと考えたのである。

しかしながら、実際にこの業務を遂行するのは容易なことではない。なぜなら、関連する文献資料や先行研究の事例が限られていたからだ。こうした無理難題を本書の共同執筆者である鳴原氏にもちかけたわけだが、実に根気よく丁寧な調査を続けてくれた。この調査をやり遂げてくれたからこそ、本書を刊行するに至ったといっても過言ではないだろう。この場を借りて感謝の意を述べたい。

本書を手にとっていただいた方には、壁画の写真や解説文をご覧いただきながら、ぜひバガン遺跡を訪れたような気分に浸っていただければ嬉しく思う。現在は新型コロナウイルス感染症による影響や、ミャンマー国軍のクーデターによる治安の悪化から渡航が難しい状況が続いているが、平和な日常が戻ったあかつきには、ぜひ本書を片手に現地を訪れていただきたい。壁画を起点として、バガン遺跡の魅力を充分に満喫していただけるのではないだろうか。

この場を借りて、当該事業の遂行にあたり多大なご理解とご協力をいただいたミャンマー宗教文化省考古国立博物館局ならびに同バガン支局諸氏、壁画調査にご尽力いただいた壁画保存修復課のU Kyi Lin氏、通訳および現地コーディネイトにご助力いただいたOhn Mar Htaik氏、さらに仏教美術の専門家として貴重なご助言をいただいた龍谷大学国際学部の福山泰子教授に厚く御礼申し上げます。そして、現地における活動にご助成をいただきました住友財団に心より謝意を表します。

最後に、「活動を通じて得られた成果をひとりでも多くの方々に知っていただきたい」という私たちの願いに耳を傾け、出版の機会をくださった株式会社雄山閣の桑門智亜紀氏、そして編集担当の戸丸双葉氏に厚く御礼申し上げます。

## 執筆者紹介

### 前川 佳文（まえかわ・よしふみ）

1974年生まれ。

国立フィレンツェ修復研究所特別研究員などを経て、2016年より東京文化財研究所研究員。

ミャンマーをはじめ、イタリアやエジプトなど様々な地域において壁画の保存修復および関連研究に携わる。

### 鴫原 由美（しぎはら・ゆみ）

パラッツォ・スピネッリ芸術修復学院にて絵画修復科を修了。2014年に東京文化財研究所入所後は、研究補佐員として文化財の保存修復事業に従事。2016～2019年の3年間、同研究所アソシエイトフェローとしてミャンマー仏教壁画調査を担当した。


2021年11月10日 初版発行　《検印省略》

**世界遺産《せかいいさん》**
**ミャンマー・バガン遺跡《いせき》　華麗《かれい》なる壁画《へきが》の世界《せかい》**

著　者　独立行政法人国立文化財機構　東京文化財研究所／前川佳文・鴫原由美
発行者　宮田哲男
発行所　株式会社　雄山閣
〒102-0071　東京都千代田区富士見2-6-9
TEL 03-3262-3231　FAX 03-3262-6938
振 替 00130-5-1685
http://www.yuzankaku.co.jp
印刷・製本　株式会社 ティーケー出版印刷





ISBN978-4-639-02785-0　C0022
N.D.C.220　206p　21cm